LEBEN | LIEBEN | GIESSEN

LEBEN | LIEBEN | GIESSEN

ALLES ÜBER
**ZIMMER-
PFLANZEN**

DAS HANDBUCH
FÜR PFLEGE,
RAUMGESTALTUNG
& VIELES MEHR

EMF

JONAS WEGENER & HANNE WANDREY

EIN BUCH DER
EDITION MICHAEL FISCHER

VORWORT

Wusstest du, dass Funde in den Ruinen von Pompeji darauf hindeuten, dass Menschen schon damals, vor 2000 Jahren, Zimmerpflanzen besaßen? Auch im Mittelalter wurden Pflanzen geschätzt. Damals allerdings auch aus ganz praktischen Gründen. Zum Beispiel wurden sie wegen ihres wohlriechenden Duftes in Latrinen gestellt, um die unappetitlichen Gerüche zu überdecken. Im viktorianischen Zeitalter wurden exotische Pflanzen wie Farne dann als Dekoration in Wohnungen populär. In Deutschland eroberten mit der Biedermeierzeit, mit der Installation von Zentralheizungen und den dadurch wärmeren Temperaturen im Winter tropische Pflanzen unsere Wohnungen.

Pflanzen gehören also schon seit jeher zu den Mitbewohnern von Menschen. Den heutigen Trend nennen viele »Urban Jungle«, manche »Hausgarten«, wieder andere »Zimmerpflanzen-Interior«. Ganz egal wie man heute das Leben mit Pflanzen bezeichnet, sie haben eine besondere Wirkung auf uns Menschen. Zimmerpflanzen sind nicht nur sehr dekorativ – durch Studien sind auch viele weitere erstaunliche Eigenschaften bewiesen. Pflanzen wirken inspirierend, entspannend und steigern das Wohlbefinden. Darum holen sich heute immer mehr Menschen die Natur in die eigenen vier Wände. Es gibt 1001 Möglichkeiten, mit Pflanzen zu gestalten. Ob es Zimmerpflanzen-Ampeln für die dunklen Ecken sind oder geheimnisvolle Pflanzenarten, die sich im lichtdurchfluteten Badezimmer um die Duschstange ranken. Pflanzen schaffen Atmosphären und Räume voller Leben und Energie. Durch bewusst ausgewählte Zimmerpflanzen wirst du deinen Wohnräumen ein individuelles passendes Ambiente geben. Hierbei solltest du ein paar Dinge beachten, um deinen Pflanzen ein langes und zufriedenes Leben zu schenken. Mit diesem Buch wollen wir dich inspirieren und dich unterstützen, dir einige Tricks verraten und dich mutig machen. Es lohnt sich.

ÜBER ZIMMER-PFLANZEN

WIR FÜHLEN UNS AUTOMATISCH WOHL UND GEBORGEN, WENN WIR EIN ZIMMER MIT PFLANZEN BETRETEN. UND WENN ES NUR EINE PFLANZE IST, DER RAUM WIRKT PLÖTZLICH LEBENDIGER. SIE LEBEN, WACHSEN UND ARBEITEN IN IHRER GESCHWINDIGKEIT. DABEI VOLLZIEHEN SICH IM VERBORGENEN FASZINIERENDE PROZESSE, VON DENEN WIR MENSCHEN EBENFALLS PROFITIEREN.

Pflanzen sehen nicht nur schön aus – sie haben noch viel mehr positive Eigenschaften. Wir möchten dich einladen, die Pflanzenwelt mit ihren positiven Wirkungen und ihren biologischen Funktionen kennen zu lernen. Hol dir die Natur in die eigenen vier Wände!

WARUM ZIMMERPFLANZEN

**WAS MACHT EINE PFLANZENPRACHT IN WOHNUNGEN
SO REIZVOLL? UND WARUM TUT SIE UNS GUT?**

PFLANZEN REINIGEN DIE LUFT IN DEINEM ZUHAUSE

Jede Pflanze nimmt durch Photosynthese Kohlenstoffdioxid auf und wandelt diesen in Sauerstoff um. Pflanzen sind also fleißige Sauerstoffproduzenten. Außerdem wurde 1989 durch die NASA und PLANET, ein Berufsnetzwerk für Landschaftspflege, eine Studie durchgeführt, deren Frage war, mit welcher Pflanze man die Luft in Weltraumstationen verbessern kann.

In unseren Wohnungen werden Schadstoffe von Plastikgegenständen, verbauten Klebern und Wasch- und Reinigungsmitteln abgegeben. Hinzu kommen eine oft schlechte Luftzirkulation und geringer Luftaustausch aufgrund moderner Isolation. Die Studie fand heraus, dass Pflanzen Schadstoffe, wie Benzol (vorhanden in Plastik, synthetischen Fasern und Bleichmitteln), Formaldehyd (vorhanden in Papiertüchern) und Trichlorethen (vorhanden in Farben, Lacken und

Farbentfernern) filtern und binden können. Das geschieht zum Beispiel über die Spaltöffnungen an den Blattunterseiten, den Stomata. Das Ergebnis empfiehlt eine Pflanze auf neun Quadratmetern. Besonders gut schnitten die **Grünlilie,** der **Gemeine Efeu** und **das Einblatt** ab.

SIE UNTERSTÜTZEN DEINE GESUNDHEIT

Das hängt unter anderem mit der bereits erwähnten Schadstofffilterung zusammen. Zimmerpflanzen sind außerdem grandiose Luftbefeuchter. Über ihre Blattatmung und Grünmasse verdunsten sie aktiv Wasser. Darüber hinaus verdunsten Teile des Gießwassers über das Substrat wieder zu Wasserdampf. In Studien wurde auch herausgefunden, dass es weniger hallt, je mehr Pflanzen in einem Raum sind. Dadurch ist der Lärmpegel deutlich niedriger, was sich positiv auf uns, unser Gemüt und damit unsere Gesundheit auswirkt. Hierbei muss es sich aber um große Pflanzen handeln, die in Dreier- bis Vierergruppen an verschiedenen Stellen im Raum platziert sind. Außerdem fand man heraus, dass sich Krankenhauspatienten, die eine Aussicht auf Pflanzen und Grün hatten, im Vergleich zu der Gruppe, welche auf Mauern oder Straßen blickten, schneller erholten. Der Blick auf Pflanzen

und die Natur beruhigt und wirkt stressreduzierend. Der Körper schaltet seine Abwehrmechanismen aus und kann sich entspannen und regenerieren.

SIE FÖRDERN DIE KONZENTRATION UND SORGEN FÜR ZUFRIEDENHEIT

Eine hohe Luftqualität fördert natürlich auch deine Konzentration: Du fühlst dich weniger müde und schlapp. Aus diesem Grund sind auch Büropflanzen gerade sehr im Trend. Außerdem sorgt ein abschweifender Blick auf eine Zimmerpflanze für andere Gedanken, die einen kurz ablenken können, um dann wieder die Konzentration herzustellen. Pflanzen wirken auf natürliche Weise beruhigend auf uns. Grün wirkt entspannend, und wir fühlen uns aufgehoben und geborgen. Die Natur ist eben unsere ursprüngliche Heimat. Sind wir in der Natur, schlägt unser Herz messbar langsamer, der Blutdruck sinkt, und unsere Muskeln entspannen sich. Unser Selbstbewusstsein und unsere Zufriedenheit steigen.

Es gibt also viele schöne und bereichernde Gründe für mehr Zimmerpflanzen in unseren Wohnungen. Die steigende Sehnsucht nach Natur, gerade in Städten, kann schon bei dir zu Hause ein Stück weit erfüllt werden.

Die Botanik erforscht die Organisation, Verwandt-schaftsverhältnisse und Lebensfunktionen von Pflanzen. Jede Pflanze hat ihren eigenen Charakter, genau wie wir Menschen. Deshalb ist es wichtig, sich um jede individuell zu kümmern.

1. Chamaedorea. 2. Chamaerops. 3. Monstera. 4. Calathea. 5. Fatsia japonica. 6. Philodendron. 7. Sansevieria.
8. Strelitzia leaf. 9. Zamioculcas. 10. Banana palm. 11. Fern.

BOTANIK KOMPAKT

WAS BRAUCHEN ZIMMERPFLANZEN DENN EIGENTLICH ZUM LEBEN UND WACHSEN?

LICHT

Durch den Prozess der Photosynthese verwandeln Pflanzen mithilfe des grünen Blattfarbstoffes, dem Chlorophyll, Sonnenlicht in Energie um. Sie sind also im Gegensatz zu uns Menschen oder Tieren photoautotroph. Das heißt, sie können aus reinem Licht selbstständig Energie erzeugen. Hierbei passiert das Magische: Das natürliche CO_2 strömt an der Unterseite des Blattes in das Blattinnere, wo es zusammen mit Wasser genutzt wird, um den für uns lebenswichtigen Sauerstoff zu produzieren. Das Chlorophyll in den Chloroplasten absorbiert das Sonnenlicht. Ohne diese Sonnenenergie könnte der Prozess der Photosynthese nicht ablaufen. Durch diese Energie werden Kohlendioxid und Wasser in Sauerstoff und Glucose umgewandelt. Der Sauerstoff wird an die Umwelt wieder freigegeben, während Glucose (Traubenzucker) dagegen von der Pflanze in Stärke verwandelt und für den Eigenbedarf verwendet wird. Durch diesen chemischen Prozess sind sie die Helden unserer Natur!

Auch wenn jede Pflanze Licht für ihre Photosynthese benötigt, heißt das nicht, dass jede Zimmerpflanze gleich viel Sonnenlicht braucht. Der Bedarf an Licht hängt von dem natürlichen Standort der Pflanze ab. Es gibt Pflanzen, die es lieben, in der Sonne zu stehen, während andere eher den Halbschatten bevorzugen. Gerade solche Pflanzen wachsen oft im Wald unter den Bäumen, wo nur wenige Sonnenstrahlen bis zu den untersten Waldetagen durchdringen. Die Blattfarbe spielt auch eine wichtige Rolle. Ein gutes Beispiel hierfür sind sogenannte panaschierte Blätter. Hierbei handelt es sich um verschiedenfarbige Zonen auf den Blättern, wie bei der **Blattbegonie** oder der **Dieffenbachie.** Die Blätter wirken wie mit Farbe besprenkelt, manche Stellen sind dunkelfarbig, andere wiederum sehr hell. Diese Blätter besitzen etwas weniger grünen Blattfarbstoff und können dementsprechend auch nicht so viel Sonnenlicht aufnehmen, um Photosynthese zu betreiben. Aus diesem Grund

TIPP

Es kann sein, dass du deine Pflanze im Herbst und im Winter an einen anderen Standort stellen musst, wo die Lichtverhältnisse günstiger sind oder die Temperatur höher. So ist gewährleistet, dass die Zimmerpflanze auch in den dunkleren Monaten ausreichend Licht bekommt.

haben sie einen erhöhten Lichtbedarf, um die für sie nötige Energie zu produzieren. Dann gibt es wiederum Zimmerpflanzen wie die **Efeutute** oder die **Glücksfeder,** welche mit weniger Licht auskommen.

WASSER

Pflanzen nehmen Wasser üblicherweise über ihre Wurzeln und Wurzelhaare auf. Interessant zu wissen ist, dass sie es sich auch aus der Luft oder von Wassertropfen, die auf der Oberfläche der Pflanze gelandet sind, holen können. Hat die Pflanze Wasser aufgenommen, wird es dann über sogenannte Leitbündel in der Pflanze, die Transportstraßen, in Blätter und Blüten gepumpt. Bei Wassermangel lässt deine Zimmerpflanze einzelne Pflanzenteile, meistens ihre Blätter, hängen. Das geschieht aufgrund des sinkenden Zellinnendrucks, der mit ausreichend Wasser aufrechterhalten wird und der Pflanze ihre Stabilität gibt. Außerdem benötigen Pflanzen Wasser, wie auf S. 12 beschrieben, auch zur Photosynthese. Bei der

TIPP

Der Wasserbedarf der Pflanze hängt immer von den aktuellen Bedingungen in deiner Wohnung ab. In warmen und trockenen Räumen wird mehr Wasser verbraucht. Das solltest du bei deinem Gießverhalten berücksichtigen. Deine Zimmerpflanzen benötigen im Sommer also mehr Wasser als im Winter. Mehr dazu ab S. 23.

Zimmerpflanzen-Pflege spielt also das Gießen eine wichtige Rolle. Genau wie Licht benötigen deine Zimmerpflanzen für ein gesundes Wachstum ausreichend Wasser. Die Pflanze nimmt mit ihm zusammen gelöste Nährstoffe auf. Mit dem Wasser fließen diese Nährstoffe durch die Pflanzenadern an die richtige Stelle, wodurch die gesamte Pflanze versorgt wird. Fehlt ihr Wasser, kommt es also auch schnell zu Nährstoffmangel. In dem Kapitel »Standort und Pflege« ab S. 21 gehen wir nochmal ganz genau auf das Thema Gießen ein und zeigen dir, wie du an deiner Pflanze erkennst, was sie braucht.

NÄHRSTOFFE

Pflanzen benötigen neben Licht, Luft und Wasser auch Nährstoffe. Fehlen Nährstoffe, kommt es zu Mangelerscheinungen, Stress und im schlimmsten Fall zu Krankheiten. Die wohl wichtigsten Nährstoffe sind **Schwefel, Phosphor, Kalium, Magnesium, Calcium und Stickstoff.** Gerade mit Beginn des Frühlings nehmen Zimmerpflanzen mehr Sonnenlicht auf und benötigen für ihr Wachstum wieder mehr Nährstoffe. Da unsere Zimmerpflanzen sich bei uns nicht in einer regenerierenden und immer weiter wachsenden und lebenden Erde befinden, müssen wir sie regelmäßig mit den überlebenswichtigen Nährstoffen versorgen. Auf S. 48 kannst du nachlesen, wie du fehlende Nährstoffe erkennst und wie du sie ausgleichen kannst.

Das Angebot an Zimmerpflanzen wird immer größer und exotischer. Die Entscheidung kann hier schon schwerfallen. In erster Linie ist es wichtig, dass du und deine neue Pflanze optimal zusammenpassen und du ausreichend Zeit in die Pflege stecken kannst.

PFLANZEN KAUFEN

WORAUF SOLLTE MAN KONKRET BEIM KAUF NEUER ZIMMERPFLANZEN ACHTEN?

DIE HERKUNFT

Deine Zimmerpflanze sollte nicht billig produziert sein. Achte auf Label, die sich für eine gesunde und nachhaltige Pflanzenanzucht einsetzen. Zum Beispiel das **Fair-Flora-Label** oder das **pro-planet-Label**. Hier wird auf torffreie Anzucht sowie einen nachhaltigen Einsatz von Wasser, Energie, Dünge- und Pflanzenschutzmitteln gesetzt. Oder hol dir neue Zimmerpflanzen aus einer Gärtnerei, die selbst produziert.

DAS AUSSEHEN

Hat die Pflanze eine gesunde, buschige Form? Einzelne verwelkte Stellen oder abgeknickte Blätter sind kein Problem. Viele matte Blätter oder lange dünne Triebe sind hingegen Anzeichen dafür, dass die Pflanze lange an einem ungünstigen Standort war. Gibt es vielleicht wollähnliche Gespinste auf den Blättern oder Blattunterseiten oder fleckige oder gekräuselte Blätter? Dann kann es sich um Wollläuse oder andere

Schädlinge und Krankheiten handeln. Diese Pflanze gehört definitiv nicht in deinen Einkaufswagen.

DER PASSENDE MITBEWOHNER

Ist deine Wohnung das ganze Jahr über lichtdurchflutet oder strahlt nur im Sommer für eine kurze Zeit die Sonne hinein? Je nachdem wie hell oder dunkel deine Wohnung ist, solltest du eine Pflanze wählen, die entsprechend viel oder wenig Licht benötigt. Hast du Kinder oder Haustiere? Wenn ja, achte darauf, dass die Blätter der Zimmerpflanze keine giftigen Inhaltsstoffe besitzen. Es gibt viele ungiftige Zimmerpflanzen, die dann bevorzugt gekauft werden können. Bist du oft zu Hause und puzzelst gerne in deiner Wohnung herum? Oder bist du viel unterwegs, und dein Heim sollte von alleine gut aussehen und funktionieren? Wähle deine Pflanze auch nach deinen individuellen Gewohnheiten aus. Bist du eher selten zu Hause und oft für mehrere Wochen weg, brauchst du Pflanzen, die das aushalten können und sehr wenig Pflege benötigen. Wenn du oft zu Hause bist, ist die Bandbreite an möglichen Zimmerpflanzen natürlich etwas größer. Anhand der Pflanzenporträts ab S. 86 kannst du dir eine Liste deiner Wunschpflanzen zusammenstellen. Bei Bedarf kannst du dich auch an das Fachpersonal im Pflanzenhandel wenden.

CHECKLISTE PFLANZENKAUF

→ Für welche Räume möchtest du Pflanzen? Wie sind
  die Lichtverhältnisse dort?

→ Sieht die Pflanze kräftig aus? Sind Schädlinge zu
  erkennen?

→ Welche Anforderungen stellt die Pflanze an ihren
  neuen Besitzer? Bist du oft genug zu Hause zum
  Gießen und Pflegen von pflegebedürftigen Pflanzen?

→ Hast du das passende Substrat oder den passen-
  den Topf für deine Pflanze zu Hause?

→ Hast du Kinder oder Haustiere, die mit giftigen
  Zimmerpflanzen nicht in Kontakt kommen dürfen?

TIPP
Willst du es dir mit dem Zimmer-
pflanzen-Kauf besonders leicht
machen und auf weniger achten
müssen? Dann probiere doch mal
aus, deine eigenen Zimmerpflanzen
mittels Stecklingen oder Ablegern
anzuziehen! Auf S. 54 erklären wir
dir, wie es funktioniert.

PFLANZEN ONLINE BESTELLEN

Mittlerweile gibt es neben den Fachcentren auch im Internet ein sehr großes Angebot an Onlineshops für Pflanzen. Einer der Autoren dieses Buches, Jonas, hat zusammen mit einem Mitgründer einen Onlineshop eröffnet. Viele Menschen haben die Sorge, dass die Pflanzen auch wirklich sicher ankommen. Darum hat Jonas für den Onlineshop **botanicly.de** viel Zeit in den Entwurf einer sicheren Pflanzenverpackung investiert.

Zusätzlich hilft Botanicly durch eine Onlineberatung bei der Auswahl der richtigen Pflanze. So können auch beispielsweise große Pflanzen sicher nach Hause geliefert werden. Dies ist besonders hilfreich, wenn das nächste Pflanzengeschäft weit weg ist oder man mit der Beratung im Fachcenter nicht zufrieden ist.

Wir wünschen dir nun viel Spaß und Erfolg beim Kauf oder der Anzucht deiner neuen Pflanzen!

STANDORT & PFLEGE

DER URSPRUNG VIELER PFLANZEN LIEGT IN WEIT ENTFERNTEN WINKELN UNSERER ERDE. DAMIT SICH DEINE ZIMMER-PFLANZEN WOHLFÜHLEN, SOLLTEST DU IHR EIN GEFÜHL VON HEIMAT GEBEN. WAS DAS KONKRET FÜR STANDORT UND PFLEGE BEDEUTET, ERFÄHRST DU, KOMPAKT ZUSAMMEN-GEFASST, IN DIESEM KAPITEL.

Zimmerpflanzen gedeihen am besten, wenn die Licht-, Temperatur- und Luftfeuchtigkeitsverhältnisse weitestgehend ihrer ursprünglichen Heimat entsprechen. Im Folgenden geben wir dir eine Übersicht, worauf es bei der Standortwahl ankommt.

STANDORT

DIESE FAKTOREN SOLLTEST DU BEI DER STANDORTWAHL FÜR DEINE ZIMMERPFLANZEN BEACHTEN.

TEMPERATUR

Abhängig von ihrer Herkunft kommen Pflanzen mit unterschiedlichen Temperaturen besser oder schlechter zurecht. Der ideale Temperaturbereich der meisten Zimmerpflanzen liegt zwischen **18 und 24 °C**. Mit etwas höheren Temperaturen kommen Pflanzen oft besser zurecht als mit deutlich Niedrigeren. So werden sommerliche Temperaturen um die 30 °C meist für einige Zeit toleriert. Fällt die Temperatur allerdings innerhalb eines Tages um mehr als 10 °C, kann es zu Schäden an den Pflanzen kommen. Im Winter ist darum besonders Vorsicht geboten: Beim Lüften kann eisige Luft auch innerhalb kurzer Zeit zu Erfrierungen an den Blättern führen. An einem wenig isolierten Fenster besteht zudem eine Gefahr in der kalten Zugluft. Auch beim Heizen sollte man vorsichtig sein: Heiße, trockene Luft kann die Pflanzen schneller austrocknen. Läuft die Heizung auf Hochtouren, brauchen sie daher mehr Wasser.

LUFTFEUCHTIGKEIT

Pflanzenblätter haben pro Quadratmillimeter 100 bis 300 Spaltöffnungen, sogenannte Stomata. Über diese nimmt die Pflanze lebenswichtige Gase auf. Bei geöffneten Spaltöffnungen verdunstet aber auch viel Wasser. Darum können die Blätter bei geringer Luftfeuchtigkeit austrocknen und verwelken. Die Luftfeuchtigkeit sollte bei **mindestens 40 %** liegen, gerade für tropische Pflanzen sind es idealerweise um die 60 % oder sogar mehr. Darum eignen sich Pflanzen aus Regenwäldern gut für warme, feuchte Orte, wie das Badezimmer. Im Winter ist die Luftfeuchtigkeit in unseren Wohnungen durch die trockene Heizungsluft meist sehr niedrig. Die Blätter können dadurch viel schneller austrocknen, die Pflanze gerät in Stress und wird anfälliger für Schädlinge und Krankheiten. Dasselbe kann auch an sehr heißen und trockenen Sommertagen passieren. Hier hilft es, eine Schale Wasser neben deine Pflanze zu stellen oder sie mehrmals die Woche mit abgestandenem, nicht allzu kalkhaltigem Wasser zu besprühen. Besonders Pflanzen aus eher tropischen Regionen, wie **Bromelien** oder **Orchideen**, kannst du das ganze Jahr über regelmäßig einsprühen.

LICHTVERHÄLTNISSE

Meist herrschen in unseren Wohnungen mehrere Lichtbedingungen gleichzeitig, quasi Mischlicht. Direkt vor dem Fenster ist es sonnig, ein paar Zentimeter weiter ist es absonnig, und hinten in der Ecke haben wir ein schattiges Plätzchen. Die Übergänge sind fließend, eine gute Orientierung bieten die drei gängigsten Lichtbedingungen »Schatten«, »Halbschatten« und »Sonnig«.

Schatten

Schattige Plätze der Wohnung werden kaum bis gar nicht von der Sonne besucht, es sind also sehr lichtarme Bereiche. Das sind meist Flure ohne Fenster oder die Zimmer von Wohnungen mit Nordausrichtung.

Halbschatten

Stell dir vor, du schaust vom Standort deiner Pflanze in Richtung Fenster. Wenn du am Morgen und am Abend vier bis sechs Stunden am Tag Sonne siehst, jedoch keine Mittagssonne, dann handelt es sich um einen halbschattigen Standort. Aber auch, wenn der Platz nicht direkt von der Sonne beschienen wird und dennoch sehr hell ist, spricht man ebenfalls von Halbschatten.

Sonne

An einem sonnigen Standort kann man der Sonne quasi beim Wandern zusehen. Die Pflanzen bekommen die pralle Mittagssonne ab und stehen immer an einem hellen Ort. Sonnenliebende Zimmerpflanzen müssen in der Regel etwas öfter gegossen werden. Aufgrund der stärkeren Lichteinstrahlung und höheren Temperatur verdunstet das Wasser schneller. Besprühen sollte man die Pflanzen hier allenfalls am frühen Morgen oder Abend, da ansonsten der sogenannte Lupeneffekt eintreten kann: Wird die Pflanze mit Wasser besprüht und steht danach in der Sonne, erhitzt sich das Wasser zu stark, und es kann zu Verbrennungen auf den Blättern kommen. Statt die Pflanzen anzusprühen, kann eine Schüssel mit Wasser danebengestellt werden.

VORSICHT SONNENBRAND

Es kann zwei Ursachen geben: Deine Pflanze ist nicht für direkte Sonne geeignet, oder sie wurde von einem schattigen Ort in die Sonne gestellt und hat sich noch nicht daran gewöhnt. Du kannst die braunen Blätter bis kurz vor dem gesunden Teil des Blattes abschneiden.

TRICK

Je dunkler ihr natürliches Blattgrün, desto besser kommt sie mit Schatten zurecht. Die dunkle Blattfarbe steigert nämlich die Fähigkeit, Licht aufzunehmen und umzuwandeln.

Am liebsten mögen Pflanzen die Erde ihrer Herkunfts-
region. Die Flamingoblume kommt ursprünglich aus
Regenwäldern und braucht daher viel Feuchtigkeit.
Die Opuntie hingegen wächst gut in kargen Gebieten
und liebt daher magere und trockene Böden.

SUBSTRATE

DIE VIELFALT AN ANSPRÜCHEN GILT ES MIT UNSEREN
HIESIGEN SUBSTRATEN ZU DECKEN.

SUBSTRATE – BEDEUTUNG

Der Begriff Substrat umfasst jede Art von Boden, auf
dem Pflanzen Halt finden, gedeihen und wachsen können. Damit ist Blumenerde genauso wie Tongranulat
oder Kokoserde gemeint. Substrate schaffen einen
optimalen Nährboden für Pflanzen. Dafür sind sie
unterschiedlich zusammengesetzt, um die jeweiligen
Bedürfnisse zu erfüllen. Ein Kaktus wächst zum Beispiel in einem sandigen und gut durchlüfteten Boden.

Eine Orchidee hingegen bevorzugt eher grobe, ebenfalls gut durchlüftete Erde, in der sie einen guten Halt
hat, da sie in der Natur auf Bäumen wächst. Dort um-
schlingt sie die Äste mit ihren Luftwurzeln. Die Auswahl an Substraten ist demnach entsprechend groß.
Zwar wachsen Pflanzen auch in weniger geeigneten
Substraten, aber man kann es der Pflanze und sich
selbst natürlich von Anfang an leichter machen. In jedem Fall sollte aber der pH-Wert stimmen.

DER PH-WERT

Der pH-Wert wird unterschieden zwischen **sauer, neutral und basisch.** Wie sauer oder basisch ein Substrat ist, ist wichtig, weil manche Pflanzen nur bei einem bestimmten pH-Wert Nährstoffe aufnehmen können. Es kann also vorkommen, dass zwar genügend Nährstoffe im Boden sind, der pH-Wert aber nicht stimmt, weshalb die Pflanze mit den vielen guten Nährstoffen nicht viel anfangen kann. Bei Spezialerden wird mit einer ausgewogenen Mischung der Inhaltsstoffe der passende pH-Wert für die jeweilige Pflanze hergestellt. Dieser steht dann meist auch auf der Verpackung. Das heißt nun nicht, dass du für jede neue Zimmerpflanze eine neue Erde kaufen musst. Viele Grünpflanzen wachsen gut bei einem leicht sauren bis neutralen pH-Wert und sind mit der einfachen Grünpflanzenerde sehr zufrieden. Bei manchen Pflanzen sollte man aber den erforderlichen pH-Wert schon berücksichtigen.

AUF EINEN BLICK

SKALA	Sauer	Neutral	Basisch
WERTE	0–6,5	6,5–7,5	7,5–14

SUBSTRAT-TYPEN

Hier eine Übersicht der gängigsten Substrat-Typen:

Kakteenerde

Sie eignet sich für Kakteen und Sukkulenten. Beide brauchen verhältnismäßig wenig Wasser und sind sehr gut an extreme Standorte angepasst. Nur ihre Wurzeln müssen sich entwickeln können, um an die Nährstoffe im Boden zu kommen. Kakteenerde ist sehr durchlässig, überschüssiges Wasser kann schnell abfließen. So stehen die Wurzeln nicht zu lange feucht, und es entsteht keine Fäulnis. **pH-Wert: unter 7**

Orchideenerde

Die Hälfte aller tropischen Orchideenarten wachsen in ihrer Heimat epiphytisch. Das bedeutet, dass sie nicht in Erde, sondern als Aufsitzerpflanze auf Bäumen wachsen. Dafür schlingen sie sich mit ihren Wurzeln fest und versorgen sich über die feuchte Luft mit Wasser und Nährstoffen. Deine Orchidee benötigt daher eine sehr gut durchlüftete Erde, die eher grob ist. Viele Orchideenerden bestehen in erster Linie aus Pinienrindenstückchen, die manchmal noch mit Tongranulat, etwas Dünger oder kohlensaurem Kalk vermischt sind. Bei Orchideenerde ist es besonders wichtig, auf die Qualität zu achten. Manche Sorten bestehen aus einem Gemisch aus krümeligem und fast schon verrotteten Rindenmulch. Rindenmulch ist zwar ein sinnvoller Bestandteil, es sollten aber schon etwas größere Borkenbrocken sein. **pH-Wert: 5,5–6,5**

Tongranulat/Blähton

Das sind kleine, leichte, poröse Körnchen aus Ton mit einer hohen Wasserspeicherfähigkeit. Dank ihrer feinen Poren können sie mehr Feuchtigkeit aufnehmen, sie besser speichern und sie nach Bedarf an die Pflanzen abgeben. Deine Pflanze kann sich so immer genau das nehmen, was sie braucht. Staunässe oder ständiges Gießen gehören hierbei am ehesten der Vergangenheit an. Wenn du Tongranulat verwenden möchtest, solltest du dir unbedingt eine Wasserstandsanzeige zulegen. Anhand des Zeigers kannst du einfach nachvollziehen, ob die Wassermenge im Topf im optimalen Bereich liegt oder ob du bald wieder Gießen musst. Tongranulat ist für fast alle Pflanzen geeignet, außer solche mit sehr spezifischen Anforderungen, wie den Carnivoren. **pH-Wert: 7**

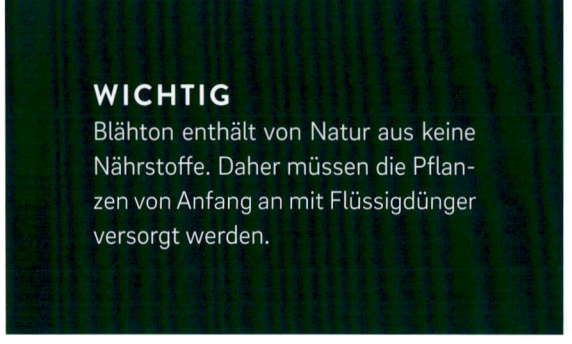

WICHTIG
Blähton enthält von Natur aus keine Nährstoffe. Daher müssen die Pflanzen von Anfang an mit Flüssigdünger versorgt werden.

Bonsai-Erde

In der Bonsai-Kunst werden durch Schnitt- und Kultur-verfahren Sträucher und Bäume in kleinen Gefäßen und Schalen klein gehalten und ästhetisch herangezogen. Hierbei ist es wichtig, dass die Erde das Wasser gut aufnehmen und speichern kann. Die Schale sorgt für einen sehr begrenzten Wuchs- und Ausbreitungsraum des Bonsais. Daher sind eine wesentlich intensivere Pflege, Bewässerung und Düngung nötig. Wenn über-schüssiges Wasser vorhanden ist, sollte dies natürlich gut ablaufen können, um die Pflanzen auch hier vor Wurzelfäule zu schützen. Die Körnung muss etwas größer sein um für eine gute Durchlüftung und Sauer-stoffzufuhr zu sorgen. Diese Erden sind oft noch mit speziellem Dünger versehen, damit der Bonsai mit allen wichtigen Nährstoffen gesund und natürlich wachsen kann. **pH-Wert: 6–7 (je nach Art)**

Kokoserde

Der Begriff »Erde« stimmt hier eigentlich nicht ganz, da Kokoserde aus winzigen Rindenstückchen der Kokos-palme besteht. Oft werden noch zerkleinerte Kokos-nussschalen untergemischt. Dies sorgt für die grobe und lockere Struktur, wodurch die Pflanze mehr Sauer-stoff aufnehmen kann. So kommt es weniger zu Wur-zelfäule. Für den Verkauf wird die Kokoserde sterili-siert und in Pellets gepresst. Kokoserde eignet sich besonders für feuchtigkeitsliebende Pflanzen, da sie sehr gut Wasser speichern und nach und nach an die Pflanze abgeben kann. Sie ist die nachhaltige Alter-native zu torfhaltiger Blumenerde. **pH-Wert: 6–6,5**

> ## WICHTIG
> Auch Kokoserde enthält von Natur aus keine Nährstoffe. Wie beim Ton-granulat ist es daher notwendig, dass du auch deine Pflanzen, die in Kokos-erde gedeihen, von Anfang an zusätz-lich mit Flüssigdünger versorgst.

Der Topf ist ein wichtiges Accessoire zur Pflanze, das ihr zu einem guten und gesunden Wachstum verhilft. Jedoch nur sofern er passt und er ihr den nötigen Raum dazu lässt. Neben der idealen Größe sollte man bei der Wahl des Topfes auf ein paar zusätzliche Dinge achten.

PFLANZGEFÄSSE

WIE LASSEN SICH PFLANZGEFÄSSE PRINZIPIELL UNTERTEILEN? UND SOLL ES TON ODER ZINK SEIN?

TYPEN

Kulturtopf

Aus dem Fachhandel bekommst du Zimmerpflanzen oft im klassischen Kultur- oder Blumentopf zu kaufen. Er besteht aus Kunststoff und hat unten mehrere Öffnungen, den Abzugslöchern, durch die überschüssiges Wasser abfließen kann.

Pflanztopf

Aus dem Kulturtopf kann man die neue Pflanze gleich in einen Pflanztopf umtopfen. Dieser kann aus verschiedenen Materialien bestehen. Er besitzt unten ein Loch, durch das das überschüssiges Wasser abfließen und sich im Untersetzer sammeln kann. Die Pflanze wird direkt in den Topf gepflanzt und dann auf einen Untersetzer gestellt.

HINWEIS

Pflanzgefäße, vor allem Übertöpfe, kannst du auch ganz einfach selbst herstellen. Die einfachste Möglichkeit besteht darin, sie aus Beton zu gießen. Ob ausgedienter Joghurtbecher, Silikonform oder selbstgebastelt aus Pappe: Du kannst aus allen möglichen Formen ganz individuelle Töpfe kreieren. Die poröse Optik des Betons wirkt super schön in einer modern eingerichteten, aber auch in einer Retro-Wohnung. Eine Anleitung, wie du deinen eigenen DIY-Betontopf umsetzen kannst, findest zu auf S. 32.

Übertopf

Dieser Topf hat kein Abzugsloch. Du kannst deine Pflanze in ihrem Kulturtopf lassen und direkt in den Übertopf stellen. Den Boden des Übertopfes solltest du dann mit Tonscherben oder Granulat auslegen oder du pflanzt sie direkt mit einer Drainageschicht ein.

Hydrokulturtopf

Das ist ein eigens für die Hydrokultur entworfener Topftyp. Er besteht meist aus Kunststoff und hat Schlitze an den Seitenwänden. Dieser Topf enthält eine Einsatzstelle für einen Wasserstandsanzeiger.

MATERIAL

Kunststoff

Hier hast du eine riesige Auswahlmöglichkeit zwischen Farben und Formen. Pflanzgefäße aus Kunststoff sind leicht, bruchfest und pflegeleicht. Aufgrund dieser Eigenschaften haben sie keine große Standfestigkeit, und das Gießwasser kann nur langsam verdunsten. Kunststoff benötigt hingegen keine spezielle Pflege und kann mit Wasser und Haushaltsreiniger sauber gehalten werden.

Ton und Terrakotta

Hierbei handelt es sich um natürliche Materialien. Das Gießwasser hält den Ton immer feucht und kann durch das Material verdunsten. Nach einiger Zeit bildet sich an der äußeren Oberfläche eine natürliche, dünne Verwitterungsschicht. Diese Patina verleiht deinem Tontopf einen gewissen Charme. Schmutz lässt sich gut mit Wasser entfernen und die Kalkränder mit Essigwasser.

Keramik

Auch hier kannst du zwischen vielen Formen und Farben wählen. Sie sind zu 100 % wasserdicht, witterungs- und korrosionsbeständig. Die Oberfläche ist unempfindlich, und das Material lässt sich leicht mit gewöhnlichem Reiniger reinigen.

Beton

Große Pflanzgefäße aus reinem Beton wären ganz schön schwer. Daher bestehen die meisten davon aus einer Mischung mit anderen Materialien wie Fiberglas. Trotzdem sind sie sehr standfest. Die rustikale Optik der Oberfläche wird sich mit der Zeit etwas verändern und eine natürliche Patina-Schicht bilden. Schmutz lässt sich einfach mit Wasser und gewöhnlichem Spülmittel entfernen. Auch für kleinere Pflänzchen, wie Sukkulenten, bieten sich Betongefäße an. Auf S. 32 findest du eine Anleitung, wie du ganz einfach selbst welche herstellen kannst. So lassen sich Pflanzgefäße ganz nach deinen Wünschen gestalten.

Holz

Hier ist es wichtig einen Topf zu kaufen, der Innen mit Folie ausgelegt ist oder einen extra Kunststofftopf enthält. Da es ein Naturprodukt ist, kann sich die Oberfläche mit der Zeit natürlich verändern. Bei der Reinigung solltest du das Holz nicht zu nass machen und den Schmutz eher mit einem leicht feuchten Lappen entfernen. Willst du deinem Holztopf etwas Gutes tun, kannst du ihn ölen oder lasieren.

Zink

Die Töpfe bestehen meist aus verzinktem Stahlblech. Dies schützt vor Rost. Sie sind sehr leicht und langlebig. Oft haben Pflanzgefäße aus Zink keine Abflusslöcher, daher ist hier Vorsicht vor Staunässe geboten. Bei der Reinigung solltest du eher weiche Schwämme nutzen, um die natürliche Schutzschicht nicht zu zerstören.

BETON
ÜBERTOPF

Wir finden, dass Übertöpfe aus Beton einen wunderschönen Kontrast zwischen der rohen, rauen Oberfläche
und der filigranen, farbigen Pflanze erzeugen. Und
sich einen eigenen individuellen Übertopf aus Beton zu
erschaffen, ist ganz leicht!

WERKZEUG

→ Gießformen, klein und groß

→ Handschuhe

→ Schüssel zum Anrühren

→ Spachtel

→ Pinsel

→ Schleifpapier

MATERIAL

→ Betonpulver, Bastelbeton

→ Öl (auf pflanzlicher Basis z. B.: Olivenöl, Rapsöl, Sonnenblumenöl)

→ Wasser

→ kleine und große Steine zum Beschweren

→ Farbe zum Verzieren

— SO GEHT'S —

Gießformen aussuchen

Welche Größe und Form soll dein Übertopf haben? Suche dir dementsprechend zwei Gießformen aus – eine große als äußere und eine kleine als innere Form. Der Beton wird später in den Zwischenraum zwischen beiden gefüllt. Die kleine Form beschreibt den Innenraum deines Übertopfes, also das Volumen, das später von dem Wurzelballen der Pflanze ausgefüllt werden soll. Das Material sollte nicht zu starr sein, sodass sich der feste Beton später wieder gut herauslösen lässt.

Beton vorbereiten

Ziehe für diesen Schritt am besten bereits die Handschuhe an. Rühre den Beton entsprechend der Anleitung auf der jeweiligen Verpackung mit Wasser an. Du brauchst so viel von der Mischung, dass der größere deiner Formbehälter mindestens zur Hälfte mit Beton gefüllt ist. Du kannst den Beton ruhig kurz stehen lassen und als nächstes Schritt 3 vorbereiten. Da Beton aber schon nach kurzer Zeit beginnt zu härten, sollte man mit der Verarbeitung nicht zu lange warten.

WEITER GEHT'S →

Gießformen einstreichen

Streiche währenddessen mit dem Pinsel deine Gießformen mit Öl ein. Die äußere Gießform musst du nur
innen ausreichend mit Öl auspinseln, damit sich der
gehärtete Beton später wieder leicht herauslösen
lässt. Die innere Form muss nur von außen gut einge-
pinselt werden. So bekommst du sie später wieder
leicht aus dem Beton heraus.

Beton einfüllen

Fülle nun deine Betonmischung mit dem Spachtel in
deine große Gießform, sodass sie maximal bis zu zwei
Dritteln gefüllt ist. Klopfe mit der Form mehrmals
leicht auf den Tisch, um die Luft entweichen zu lassen
und den Beton innerhalb der Form gleichmäßig zu ver-
teilen. Drücke dann die kleine Form vorsichtig mittig in
die Betonmasse hinein. Sie muss etwas Abstand zur
äußeren Form haben, damit der Boden des Beton-
topfes nicht zu dünn wird und er nicht bricht. Achte zudem auf einen gleichmäßigen Abstand zu den Seitenwänden. Falls die kleine Form zu leicht ist, kannst du
sie mit den Steinen befüllen. Nun muss dein Beton
aushärten. Das kann zwei bis fünf Tage dauern.

TIPP

Beim Aushärtenlassen ist Geduld
gefragt. Stelle den Beton dafür an
einen normal temperierten Ort und
nicht etwa direkt auf die Heizung –
da könnte es zwar schneller gehen,
der Beton droht, durch die hohe Temperatur aber auch zu brechen.

Beton lösen

Wenn der Beton trocken ist, kannst du die kleinere Form innen vorsichtig aus der Vertiefung lösen. Drehe dann die größere Form vorsichtig um und löse auch deinen restlichen Betontopf. Das Rohgebilde deines selbstgemachten Übertopfes aus Beton ist somit schonmal fertig! Kleine Unebenheiten auf der Oberfläche kannst du noch mit Schleifpapier ausbessern. Wenn du Lust hast, kannst du dein Betongefäß noch mit Farbe verzieren. Viel Spaß beim kreativsein!

Frisch gekaufte Pflanzen sind meist in zu kleine Töpfe gepflanzt. Diese sollten daher direkt bei ihrem Einzug in ihr neues Zuhause gleich einen neuen Topf bekommen.

UMTOPFEN

DOCH WORAN ERKENNT MAN, DASS WIEDER ZEIT ZUM UMTOPFEN IST?

ZEIT ZUM UMTOPFEN

Dass es mal wieder so weit ist, erkennt man daran, dass entweder der Pflanztopf komplett durchwurzelt und kaum noch Erde zu erkennen ist oder der Topf deutlich kleiner ist als der Stamm und die Pflanze selbst, also das Verhältnis nicht stimmig ist. Das Pflanzgefäß ist auch zu klein, wenn zwischen dem Wurzelballen und der Topfwand weniger als ein Zentimeter freie Erde ist. Hier noch ein paar Punkte, die dir zeigen, dass es Zeit für einen neuen Topf ist.

→ Die Wurzeln treten an der Oberfläche aus

→ Die Wurzeln bilden am Boden des Topfes eine dichte Wurzelspirale

→ Die Pflanze kippt um

Wenn der Topf zu klein ist, ist auch für die Wurzeln nicht mehr genug Platz. Das bedeutet, dass sich die Pflanze nicht mehr ausreichend ausbreiten und optimal weiterwachsen kann. Sie ist in ihrer Entwicklung eingeschränkt. Wird sie nun umgetopft, kann sie sich wieder gesund weiterentwickeln.

frisch umgetopfte Pflanze gleich genug Power, um ihre nächste Wachstumsphase voll auszukosten. Außerdem kann sie dann auch ihre Wachstumskraft nutzen, um sich bestens an die neuen Bedingungen anzupassen.

WICHTIG
Manche Pflanzen mögen es gerne eng in ihrem Topf. Beachte hierbei die individuellen Pflegeanleitungen und Bedürfnisse deiner Pflanze. Die Glücksfeder beispielsweise gedeiht am liebsten in engen Gefäßen.

DIE BESTE UMTOPF-ZEIT
Manche Pflanzen wachsen schneller und andere langsamer. Daher ist der Zeitpunkt zum Umtopfen davon abhängig, wie schnell sich eine Pflanze ausbreitet. Generell kann man jedoch davon ausgehen, dass, wenn man sich eine Pflanze gekauft hat, man sie nach einem bis drei Jahren erneut umtopfen sollte. Spätestens, wenn der ganze Untertopf durchwurzelt ist, ist es an der Zeit für einen neuen Topf.

Da Zimmerpflanzen in unseren Räumen nicht dem intensiven Jahreszeitenwechsel ausgesetzt sind, können sie theoretisch das ganze Jahr über umgetopft werden. Praktisch durchlaufen aber auch Zimmerpflanzen Wachstumsperioden. Diese fangen ebenfalls mit den längeren Sonnenstunden im Frühling an, gehen über in den Sommer und enden mit den wieder kürzer werdenden Tagen im Herbst. Daher empfiehlt es sich, sie zu Beginn ihrer Wachstumsphase in den Monaten von Februar bis April umzutopfen. Damit hat die

TIPP
Für den neuen Topf gilt die folgende Faustregel: Das Gefäß sollte zwei bis drei Zentimeter breiter und höher sein als das vorherige.

DIY

RICHTIG UMTOPFEN

Im Folgenden erklären wir dir, wie du beim Umtopfen vorgehen kannst!

DAS BRAUCHST DU

→ umzutopfende Pflanze
→ das neue Pflanzgefäß (ggf. mit Drainage ausgelegt)
→ Erde
→ Gießkanne
→ Zeitungspapier zum Unterlegen

Löse deine Pflanze vorsichtig aus ihrem alten Topf. Dafür kannst du sanft auf das Gefäß klopfen, aus dem Loch gewachsene Wurzeln leicht lockern oder bei hartnäckigen Fällen mehrere Stängel der Pflanze direkt über der Erde in die Hand nehmen und behutsam ziehen oder sanft ruckeln. Für die krümelige Erde kannst du dir Zeitungspapier unterlegen.

Gib nun so viel Erde auf den Boden des neuen Topfes, dass die Oberkante des Wurzelballens deiner Zimmerpflanze knapp 1–2 cm unterhalb des Randes liegt. So erschaffst du etwas Spielraum und das spätere Gießwasser fließt nicht direkt wieder aus dem Topf heraus.

Fülle nun die Zwischenräume mit Erde auf, drücke die Pflanze leicht an und gib einen großzügigen ersten Schluck Gießwasser auf deine frisch umgetopfte Zimmerpflanze. Fertig!

Unser Tipp lautet hier: Pflanzen zeigen dir, was sie wollen! Wenn du einmal doch zu viel oder zu wenig gegossen hast, kannst du in den meisten Fällen effiziente erste Hilfe leisten.

GIESSEN LEICHT GEMACHT!

HIER ZEIGEN WIR DIR, WIE SICH WÜSTEN UND TÜMPEL VERMEIDEN LASSEN.

Um richtig zu gießen, muss erstmal klar sein, was die richtige Menge Wasser für die jeweilige Pflanze überhaupt ist. Leider lässt sich dies nicht pauschalisieren. Manchmal findet sich aber schon ein kleiner Hinweis auf dem Pflanzenetikett mit einem Gießkannen-Symbol, das anzeigt, ob die Pflanze etwas, wenig oder viel Wasser braucht. Zur Übersicht erläutern wir dir in der Tabelle auf der nächsten Seite die verschiedenen Symbole. Das ist schon einmal ein Richtwert, der hilft, sich daran zu orientieren, ob es sich bei der Pflanze um einen durstigen Mitbewohner handelt oder einen, der es eher trocken mag. Darüber hinaus gibt es noch ein paar Tricks, mit denen man gut erkennen kann, was die Pflanze gerade braucht.

Pflanze nur alle zwei Wochen gießen. Topf muss vor dem nächsten Gießvorgang komplett durchtrocknen.	Pflanze einmal pro Woche gießen. Topf darf nie komplett durchtrocknen.	Pflanze zweimal pro Woche gießen. Erde sollte immer leicht feucht gehalten werden, darf niemals austrocknen.
Fettpflanzen, Kakteen	Strahlenaralie, Monstera	Zyperngras, Grünlilie

Ist das Etikett mit dieser Info jedoch nicht mehr vorhanden, geht verloren oder möchte man sich lieber ganz genau vergewissern, wann die Pflanze Wasser braucht, kann man sich der folgenden zwei Möglichkeiten zur Überprüfung bedienen.

01 DER GEFÜHLVOLLE TRICK

Hierbei fühlst du mit deinen Fingern anhand der oberen zwei Zentimeter Erdschicht, ob deine Pflanze Wasser braucht oder nicht. Fühlen sich die oberen zwei Zentimeter trocken an, braucht deine Pflanze Wasser. Solange sich die Schicht noch feucht anfühlt, brauchst du nicht zu gießen. So wird vermieden, dass die Erde austrocknet beziehungsweise zu nass wird.

02 DER TRICK FÜR FAULE

Wer ohne viel Aufwand und mit nur einem Blick sehen will, wie es um die Pflanze steht, kann sich einen Bodenfeuchtigkeitssensor zulegen. Dieser wird einfach in die obere Schicht der Erde gesteckt. Dann kannst du ablesen, ob die Feuchtigkeit im »roten« oder im »grünen« Bereich ist.

HINWEIS

Ausnahmen bestätigen die Regel. Mit Beginn der Wintermonate begeben sich auch die Zimmerpflanzen in eine Art Winterschlaf. Damit hören auch hier die guten Ratschläge der Pflanzenetiketten auf. Die Sonne scheint deutlich weniger. Die Pflanze drosselt ihren Stoffwechsel und braucht daher auch deutlich weniger Wasser. Es sollte trotzdem weiter regelmäßig gegossen werden – mengenmäßig aber um einiges weniger. Hier kann man sich gut dem Gefühlvollen Trick bedienen.

Fällt es dir trotz all der guten Ratschläge, die du bekommst, schwer, deine Pflanzen am Leben zu halten? Bist du oft unterwegs? Dann empfehlen wir, Pflanzen in Hydrokultur zu kaufen oder deine bestehenden Pflanzen auf Hydrokultur umzutopfen.

HYDROKULTUR

WAS BEDEUTET HYDROKULTUR?

Hydrokultur bedeutet **»Wasser-Anzucht«.** Pflanzen können auch ohne Erde überleben und wachsen. Dennoch benötigen sie natürlich Nährstoffe, Luft und Wasser. Erde dient grundlegend als eine Art Fundament, damit Pflanzen nicht umfallen. Das gelingt in Blähtonkugeln aber auch. Der Vorteil: Blähtonkugeln sind weniger anfällig gegenüber Schädlingen. Außerdem können sie mehr Wasser speichern, das sie langsamer an die Pflanze abgeben. So können kurze Zeiträume ohne Gießen überbrückt werden.

DER BLÄHTON/TONGRANULAT

Bei der Herstellung wird Lehm bei ca. 1200 °C gebrannt. Daher ist das Material sehr hart. Blähton ist chemisch neutral, weder löslich noch durch Wasser ausspülbar. Beim Brennen werden im Inneren Gase frei, die mikroskopisch feine Poren bilden. Das Ergebnis: Kugeln mit einer festen, aber leicht durchlässigen Oberfläche – ein idealer Wasserspeicher. Beim Bewässern füllen sich diese Poren mit Wasser, das langsam und mäßig an die Pflanze abgegeben wird.

VORTEILE

→ Die Pflanze muss seltener gegossen werden

→ Der Wasserstandsanzeiger gibt an, wann wieder gegossen werden muss

→ Hydrokulturpflanzen wachsen langsamer und müssen daher seltener umgetopft werden

→ Schädlinge treten seltener auf

DIY

UMTOPFEN
AUF HYDRO

Wichtig ist nur der richtige Topf für deine Hydrokultur. Wie bereits erwähnt, bekommst du diese speziellen Töpfe in jedem Fachcenter. Auf S. 28 findest du mehr zu dem Thema Pflanzgefäße.

DAS BRAUCHST DU

→ deinen neuen Hydrokulturtopf

→ Blähton in passender Körnung

→ Wasserstandsanzeiger

→ Gießkanne

→ Zeitungspapier zum Unterlegen

Fasse deine Pflanze vorsichtig an und entferne sie langsam aus ihrem alten Topf. Wasche dann die restliche Erde von ihren Wurzeln ab. Achte darauf, dass die Wurzeln dabei nicht beschädigt werden.

Setz deine Pflanze mit ihren nackten Wurzeln nun in den speziellen Hydrokultur-Innentopf. Auch hier ist beim Umgang mit den Wurzeln Vorsicht geboten!

Nun kommt die Wasserstandsanzeige zum Einsatz: Stecke sie von unten in den Topf und fülle diesen anschließend mit dem Blähton auf.

WEITER GEHT'S →

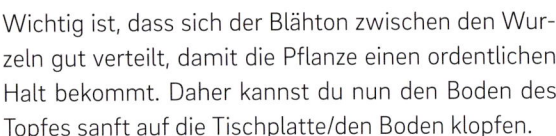

Wichtig ist, dass sich der Blähton zwischen den Wurzeln gut verteilt, damit die Pflanze einen ordentlichen Halt bekommt. Daher kannst du nun den Boden des Topfes sanft auf die Tischplatte/den Boden klopfen.

Stelle nun den Innentopf in den wasserdichten Übertopf. Gieße die Pflanze, bis sich die Wasserstandsanzeige im optimalen Bereich befindet. Dieser ist auf der Wasserstandsanzeige selbst eingezeichnet.

FERTIG!

GUT ZU WISSEN

Die meisten Pflanzen können auf Hydrokultur umgetopft werden. Wichtig ist nur, dass man die Größe des Granulats an die Größe der Pflanze anpasst. Blähton ist nämlich ohne Wasser sehr leicht. Sind die Tonkügelchen zu klein, kann es passieren, dass dir die Pflanze im Topf umkippt. Achte also darauf, dass Du große Kugeln für eine große Pflanze kaufst. Für die meisten Zimmerpflanzen eignet sich die mittlere Körnung am besten, die Körner haben dabei eine Größe von 4–10 mm.

Achtung!

Eine Ausnahme bilden die Carnivoren, also die fleischfressenden Pflanzen. Die Venusfliegenfalle beispielsweise kommt natürlicherweise in den Mooren vor und mag daher eher einen sauren pH-Wert im Boden sowie ein eher kalkarmes Milieu. Daher stufen wir die Anzucht von Carnivoren als schwierig ein. Mit Fingerspitzengefühl und Wissen wäre es jedoch eventuell möglich.

Die meisten Zimmerpflanzen wachsen ursprünglich in tropischen Regionen. Nährstoffe sind in den fruchtbaren und natürlich gewachsenen Böden dort ganzjährig verfügbar. Um zu Hause gleichwertige Bedingungen zu schaffen, können wir mit Dünger nachhelfen.

DÜNGEN

DÜNGER IST NICHT GLEICH DÜNGER. WORAUF ES DABEI ANKOMMT, ERKLÄREN WIR DIR JETZT!

WELCHE NÄHRSTOFFE BRAUCHEN PFLANZEN?

Calcium ...

... entsäuert den Boden und verbessert die Durchlüftung der Erde. Es steigert die Verfügbarkeit anderer Nährstoffe und regt die Zellteilung an. Zu viel Calcium sorgt für gelblich-grüne Blätter und führt zum Absterben junger Pflanzenteile.

Stickstoff ...

... benötigt die Pflanze für das Wachstum und die Bildung von grünen Blättern. Ein Überschuss zeigt sich durch dunkelgrüne Blätter sowie lange, schwache und dünne Triebe. Die Pflanzen sind dann anfälliger für Schädlinge und Krankheiten. Ein Mangel zeigt sich in Form von schwachem Wachstum und kleinen hellgrünen/ gelben Blättern.

Phosphor ...

... ist sehr wichtig für die Blütenbildung, für das Wachstum von Wurzeln und die Bildung von Chlorophyll, dem Blattgrün. Ein Überschuss zeigt sich in Wachstumsstörungen. Mangelerscheinungen äußern sich durch schwaches Wurzelwachstum, kleine Blüten und Blätter. Manchmal verfärben sich auch die Unterseiten der Blätter blaugrün bis violet und die Oberseiten zeigen eine bräunliche Verfärbung.

Magnesium ...

... ist notwendig für die Bildung von Blattgrün und Eiweiß und reguliert den Wasserhaushalt der Pflanze. Werden ältere Blätter fleckig und gelblich, die Blattadern bleiben jedoch grün, ist dies ein Zeichen für Magnesiummangel. Magnesiumüberschuss führt meist zu einem Calciummangel.

Schwefel ...

... ist Bestandteil wichtiger Verbindungen, einige schützen beispielsweise vor Insektenfraß. Dieser wichtige Pflanzennährstoff ist als Spurengas in der Atmosphäre enthalten und üblicherweise für Pflanzen ausreichend verfügbar. Ein Mangel führt meist zu Wuchshemmungen an jüngeren Blättern.

Kalium ...

... sorgt für den richtigen Wasserhaushalt in der Pflanze. Es stärkt das Zellgewebe und macht die Pflanze widerstandsfähiger. Bei einem Kaliummangel bekommt die gesamte Pflanze ein krankes und ungesundes Aussehen. Zu viel Kalium sorgt für Wurzelschäden und Wachstumsstörungen.

WANN MUSS GEDÜNGT WERDEN?

Deine Pflanzen brauchen in ihren Wachstumsperioden von März bis ungefähr Oktober Dünger. Frisch gekaufte Zimmerpflanzen sind meist vorgedüngt. Auch gekaufte Erde ist meist mit Dünger angereichert. Ob frisch gekauft oder frisch umgetopft – warte am besten zwei Monate, bis du sie wieder düngst.

WORAUF SOLLTE MAN BEIM DÜNGEN ACHTEN?

Dünger ist leider kein Heilmittel. Wenn es deiner Pflanze nicht gut geht, überdünge sie nicht. Wichtig ist, dass du regelmäßig und gut dosiert düngst. Im Frühling und Sommer kannst du alle zwei Wochen bis einmal im Monat düngen. Im Spätherbst reicht es, einmal im Monat zu düngen. Im Winter düngst du gar nicht und gönnst der Pflanze ihren Winterschlaf.

Tipp: Gib der Pflanze mit oder nach dem Düngen etwas Wasser, so sind die Nährstoffe besser für sie verfügbar. Flüssigdünger kannst du auch direkt ins Gießwasser geben.

WELCHE DÜNGER GIBT ES?

Langzeitdünger ...

... ist ein guter Dünger für Faule. Mit ihm muss deutlich weniger im Jahr gedüngt werden, da er viel länger für die Pflanze verfügbar bleibt, indem er oft als Stäbchen oder in Form von Drops in der Erde vergraben wird. Diese zersetzen sich dort langsam, und seine Nährstoffe werden nach und nach freigegeben.

Flüssigdünger ...

... enthält alle notwendigen Pflanzennährstoffe und wird meist mit dem Gießwasser vermischt und damit auf die Pflanze gegeben.

Volldünger ...

... besteht aus den drei Grundnährstoffen NPK (Stickstoff-Phosphor-Kalium) sowie aus Spurenelementen, wie Bor, Zink oder Kupfer. Dieser ist universell einsetzbar und alle drei Hauptzutaten sind meist annähernd zum selben Anteil enthalten.

Organische Dünger ...

... können oft aus Küchenresten selbst zubereitet werden. Auf S. 50 findest du unser Lieblingsrezept für deinen eigenen organischen Dünger zum Selbermachen!

DIY

KAFFEESATZ-
DÜNGER

Kaffeesatz enthält enorm viel Stickstoff und ist reich an Schwefel und Phosphor. Er eignet sich daher einwandfrei für einen selbst hergestellten Dünger.

DAS BRAUCHST DU

→ Kaffeesatz

→ Platz zum Trocknen

Bevor du den Kaffeesatz als Dünger verwendest, solltest du ihn erst einmal über mehrere Tage sammeln. Es lohnt sich sonst kaum mit jeder einzelnen Filtertüte durch die Wohnung zu laufen.

Der wichtigste Schritt ist das Trocknen. Lass deinen Kaffeesatz am besten, auf einem Tablett ausgestreut, auf dem Fensterbrett in der Sonne oder an einem warmen trockenen Platz trocknen. Ohne Trocknungsvorgang kann es passieren, dass deine Pflanzenerde mit dem Dünger zu schimmeln beginnt.

Nun kannst du deinen eigenen getrockneten Kaffeesatz ein bis zwei Zentimeter tief in die Erdoberfläche einarbeiten. Alternativ kannst du auch deinen aufgebrühten Kaffee abkühlen lassen, ihn im Verhältnis 1:1 mit dem Gießwasser mischen und die Pflanzen dann mit dem Gemisch gießen.

HINWEIS

Streust du den selbstgemachten Dünger nur aus, zersetzt er sich zu langsam und die Wirkung wird nur sehr gering sein. Deshalb ist der letzte Schritt, den Kaffeesatz in die Erde einarbeiten, sehr wichtig.

Sanftes Streicheln, liebevolle Worte, leise Musik im Hintergrund. Ob man es glaubt oder nicht: unsere Zimmerpflanzen reagieren auf ganz bestimmte und angenehme Reize.

WELLNESS

WAS GUT FÜR DICH IST, KANN AUCH DEINEN PFLANZEN NICHT SCHADEN.

KOMPLIMENTE UND BERÜHRUNGEN

Ähnlich wie wir mögen auch Pflanzen Komplimente. Es wurde herausgefunden, dass liebevolle Kommunikation mit Pflanzen ihr Wachstum unterstützt. Das Ganze nennt sich Biokommunikation. Wir möchten dich ermutigen, deinen Zimmerpflanzen etwas Wellness in Form von Worten zukommen zu lassen. Manche sagen, dass das Sprechen mit der Pflanze eine schöne Verbindung herstellt. Andere wiederum meinen, dass das

beim Sprechen ausgeatmete CO_2 die Pflanze anregt, auch wenn das pflanzenphysiologisch nicht bewiesen ist. Dennoch, bei bestimmten Reizen wachsen sie besser. In Japan gibt es den »mugifumi-Brauch«. Hierbei werden Kinder während der Wachstumsphase von Weizen- und Gerstenpflanzen auf die Felder geschickt, um die Jungpflanzen zu berühren und auf sie zu treten. Die Pflanzen werden dadurch zwar nicht größer, aber robuster gegen Schädlinge und auch kräftiger.

Verspürst du manchmal das Bedürfnis, die schön gemusterten Blätter deiner Marante zu streicheln? Wir geben dir hiermit die Erlaubnis!

MUSIK FÜR DIE PFLANZEN

Auch Musik hat auf Pflanzen eine interessante Auswirkung. Pflanzen besitzen Membranen, welche auf Geräusche reagieren. In einem Experiment von Joël Sternheimer, einem französischen Physiker und Musiker, wurde herausgefunden, dass sich bei bestimmten Schallwellen die Poren der Pflanzen öffnen und das Wachstum angeregt wird. Hierbei ist die Klangfarbe entscheidend. Sanfte Klänge von Mozart, Verdi oder Beethoven fanden großen Anklang bei den Pflanzen. Die Experimente wurden vor allem mit Trauben und Tomaten durchgeführt. Eine rein positive Auswirkung von Musik auf Zimmerpflanzen konnte noch nicht nachgewiesen werden. Wir empfehlen daher einen allgemein aufmerksamen und liebevollen Umgang. Und sanfte Musik kann dabei nie schaden.

Bist du begeistert von den großen grünen Monsteras oder ewig langen Efeututen, die deine Freunde zu Hause haben? Du kannst dir gerade von solchen großen erwachsenen Pflanzen einfach etwas abschneiden und bei dir zu Hause vermehren!

VERMEHREN

ES GIBT ZWEI EINFACHE ARTEN, DEINE ZIMMERPFLANZEN ZU VERMEHREN.

STECKLINGE

Hierbei schneidest du der Mutterpflanze ein Stück ihrer Triebe ab. Dieses Stück wird Steckling genannt und sollte unmittelbar in der Nähe eines Knotens abgetrennt werden. Ein Knoten ist ein etwas dickerer Bereich am Trieb der Pflanze, wo sich besonders viel Teilungsgewebe befindet. Dieses Gewebe ist wichtig für die spätere Wurzelbildung. Man schneidet den Steckling also am besten direkt unter dem Knoten ab.

ABLEGER

Viele Zimmerpflanzen bilden mit der Zeit Seitensprosse, die genauso aussehen wie die Mutterpflanze, nur noch nicht ganz erwachsen sind. Diese Sprosse bezeichnet man auch als Ableger oder Kindl. Sie entspringen oft dem Haupttrieb der Mutterpflanze und sind mit der Wurzelbasis verbunden. Manche Ableger entstehen aber auch am Ende eines Triebes und bilden dort schon eigene Wurzeln.

VERMEHREN MIT ABLEGERN – BEISPIEL: GRÜNLILIE

Die einfachste Art, eine Grünlilie zu vermehren, ist die, Ableger davon zu machen. Diese werden an den langen Blütentrieben gebildet und sind fast fertige, kleine, eigenständige Pflänzchen. Diese müssen nur noch abgetrennt, eingetopft und gegossen werden. Manche dieser Ableger haben schon eigene Wurzeln gebildet. Damit geht es natürlich schneller. Trenn die Ableger kurz über dem Haupttrieb ab. Wenn noch keine Wurzeln da sind, kannst du sie erst in ein Glas Wasser stellen, ähnlich wie bei der Efeutute. Achte darauf, dass der ganze untere spätere Wurzelbereich gut im Wasser steht. Wenn schon ein paar Wurzeln da sind, kannst du sie auch direkt in einen Topf Erde pflanzen und gut gießen. Halte die Erde – bis sich die Grünlilie eingewurzelt hat – gut feucht. Die Vermehrung mit Ablegern funktioniert auch gut bei der **Pilea Peperomioides**.

VERMEHREN MIT STECKLINGEN – BEISPIEL: EFEUTUTE

Eine Efeutute kann in ihrem Leben sehr lange Arme ausbilden. Diese eignen sich super für ein paar Stecklinge. Dafür schneidest du von einem dieser langen Pflanzentriebe zwei bis drei Blattknoten ab. Du erkennst die Blattknoten an den verdickten Stellen auf dem Trieb oder an den kleinen knubbelartigen Auswüchsen an den Trieben. Achte darauf, dass du von denen mindestens ein bis zwei auf deinem Steckling hast. Den frisch abgeschnittenen Steckling kannst du nun in ein Glas Wasser stellen oder direkt in die Erde pflanzen. Einer der Knoten sollte mindestens unter Wasser oder in der Erde stecken, da die Efeutute dort die meisten Wurzeln bildet. Das Wasser solltest du einmal die Woche durch frisches Wasser ersetzen. Schon nach wenigen Tagen kannst du erkennen, wie sich neue weiße Wurzeln bilden! Die Vermehrung mit Stecklingen funktioniert auch sehr gut bei der **Monstera** oder einigen Ficus-Arten wie dem **Ficus benjamini**.

SURVIVAL-TIPPS

LIEBEVOLL GEPFLEGTE ZIMMERPFLANZEN BLEIBEN GESUND UND HABEN GUTE ABWEHRKRÄFTE. SCHEINT DEINE ZIMMER-PFLANZE ZU SCHWÄCHELN ODER ZEIGT SYMPTOME, DIE DU NICHT GENAU ZUORDNEN KANNST, HEISST ES AUF DER HUT SEIN. UNERWÜNSCHTE KRANKHEITEN ODER MITESSER KÖNNEN DEINER PFLANZE GANZ SCHNELL ZUSETZEN.

Pflanzen können echten Stress empfinden, dieser macht sie anfälliger für Krankheiten und Schädlinge. Um dein Gespür für die Signale deiner Pflanze zu schärfen, haben wir im Folgenden gängige Pflegefehler zusammengetragen.

PFLEGEFEHLER

WIR ZEIGEN DIR, WIE DU PFLEGEFEHLER ERKENNST UND WIE DU ERSTE HILFE LEISTEN KANNST.

ZU WENIG WASSER

Sieht deine Pflanze schlapp aus, lässt sie ihre Blätter hängen oder fangen diese langsam an zu welken? Dann prüfe auf jeden Fall die Feuchtigkeit der Erde deiner Pflanze! Ist sie ganz trocken und hart, leidet deine Pflanze mit großer Wahrscheinlichkeit unter Wassermangel.

Hast du deine Pflanze seit längerer Zeit nicht mehr gegossen, solltest du dich wieder vorsichtig an das Gießen herantasten. Die Erde ist wahrscheinlich schon so trocken, dass sie das Wasser nicht sofort aufnehmen kann. Darum musst du nun langsam anfangen. Gieße zuerst einen kleinen Schluck Wasser auf die Erde, um sie an die Feuchtigkeit zu gewöhnen. Wenn du dann

vielmehr davon abhängig, aus welchem Gebiet deine Zimmerpflanze ursprünglich stammt. Gedeihen Pflanzen im Urwald, sind sie mehr Feuchtigkeit gewöhnt als Pflanzen aus Trockengebieten (siehe Pflanzenportraits ab S. 87).

Die Wurzeln aller Pflanzen benötigen Sauerstoff. Dieser fehlt, wenn die Erde ständig feucht ist. Zu viel Wasser führt darum im schlimmsten Fall zu Wurzelfäule. Mehr hierzu erfährst du auf S. 64. Die Anzeichen lassen sich leicht mit anderen Pflegefehlern, wie dem Mangel an Wasser, verwechseln. Fühlt sich das Pflanzensubstrat aber zusätzlich zu den Symptomen auch noch richtig nass an, dann ist das ein gutes Indiz für einen Wasserüberschuss. Eine übergossene Pflanze lässt sich am ehesten retten, wenn man sie schnellstmöglich umtopft. Das Wasser sollte dabei aus dem Erdballen gepresst werden oder mit Küchen- oder Zeitungspapier herausgesaugt werden. Dann sollte die Pflanze in neue trockene Erde getopft und ein paar Tage, ohne sie zu gießen, in Ruhe gelassen werden.

erneut gießt, wirst du merken, dass die Erde das Wasser schon viel besser aufnehmen kann. Belass es nach einer längeren Dürreperiode lieber erst bei weniger Wasser und warte mit dem nächsten größeren Gießvorgang wieder so lange, bis die oberen zwei Zentimeter angetrocknet sind. Meist überlebt deine Zimmerpflanze Trockenheit besser als eine Sumpflandschaft.

ZU VIEL WASSER

Es ist vermutlich schwer zu glauben, aber zu viel Gießen ist einer der häufigsten Pflegefehler. Auch wenn es nur gut gemeint ist, geht die Pflanze daran zugrunde. Wie bereits im Kapitel »Standort und Pflege« erwähnt, benötigt nicht jede Pflanze gleich viel Wasser. Das ist

ZU WARM

Gewisse Zimmerpflanzen mögen es warm, andere dagegen kommen mit aufgeheizten Sonnenplätzen überhaupt nicht zurecht. Arrangiere deine Pflanzen bei dir zu Hause so, dass jede den Platz bekommt, der zu ihr passt. Eine zu hohe Temperatur führt dazu, dass das Substrat schneller austrocknet, die Luftfeuchtigkeit herabgesenkt wird und die Pflanze, sofern es nicht ihrer natürlichen Umgebung entspricht, in Stress gerät. Das kann sich in bräunlichen, gekräuselten, trockenen Blattspitzen äußern. Dann sollte man den Standort der Pflanze ändern. Prüfe also, welche Standortansprüche deine Zimmerpflanze hat und ob sie zu viel Licht und Wärme abbekommt, als ihr gut tut. Licht und Wärme bilden hierbei zwar unterschiedliche Einflussfaktoren. Es ist jedoch so, dass dort, wo viel Licht ist, meistens auch viel Wärme vorhanden ist. Deshalb ist es ratsam, Pflanzen, die nicht gut mit hohen Temperaturen umgehen können, auch eher an halbschattige Orte zu stellen.

ZU KALT

Pflanzen kann kalt sein. Liegen die Temperaturen unter dem optimalen Wachstumswert von Pflanzen, kann es zu einem deformierten Wachstum kommen. Befindet sich deine Pflanze an einem für sie zu kalten Ort oder an einem Fenster, an dem es zieht, können ihre Blätter gelb werden und welken. Gerade im Winter kann das schnell mal passieren. Denke beim Lüften im Winter daran, dass die Pflanze auch Erfrierungen bekommen könnte. Stell deine Pflanzen im Winter daher weg vom kalten Fenster. Im Winter ist es in Wohnungen oft etwas kühler als im Sommer, viele Pflanzen passen sich daran an, sie machen eine Winterpause.

ZU DUNKEL

Hast du eine sonnenliebende Pflanze an einen schattigen Platz gestellt, wird sie dir das schnell zeigen. Auf der Suche nach genug Licht, bilden sich lange dünne und weniger starke Triebe, die sich immer in die Richtung der nächsten Lichtquelle neigen.

GUT ZU WISSEN

Osmose bezeichnet einen Vorgang, bei dem eine stärkere Salzlösung eine schwächere anzieht. Bei Pflanzen ist in den Wurzeln der Salzgehalt höher als in der sie umgebenden Erde. Hierdurch entsteht der sogenannte osmotische Druck, welcher Wasser in die Pflanze zieht. Ist in der Erde zu viel Dünger, also Salz enthalten, kehrt sich der Prozess um – Wasser wird aus der Pflanze gezogen und sie verdorrt.

Aufgrund des Lichtmangels bildet die Pflanze zu wenig Chlorophyll, was das Wachstum hemmt. Gerade Kakteen und Sukkulenten zeigen dir das nach einiger Zeit. In unseren Pflanzenporträts erfährst du, wie viel Licht die jeweiligen Zimmerpflanzen brauchen. Reserviere für die Sonnenanbeter die hellsten Ecken in deiner Wohnung – die Orte, die am meisten Sonne am Tag abbekommen.

ZU GERINGE LUFTFEUCHTIGKEIT

Da viele Zimmerpflanzen aus tropischen Regionen stammen, mögen sie eine hohe Luftfeuchtigkeit. Darum finden Pflanzen die Luftfeuchtigkeit bei uns zu gering. Gerade im Winter verschärft trockene Heizungsluft das Problem. Informiere dich, wo deine Pflanze ursprünglich herkommt. Tropische Arten haben oft dünne Blätter. In diesem Fall kannst du sie besonders im Winter mit abgestandenem Leitungswasser oder destilliertem Wasser mehrmals die Woche besprühen. Wenn dir das zu aufwendig ist, kannst du auch Drainagekies in den Untersetzer der Pflanze füllen und diesen befeuchten. Das Wasser verdunstet dann langsam vor sich hin und sorgt für eine angenehme Luftfeuchtigkeit rund um deine Pflanze. Hast du ein Badezimmer mit Tageslicht? Super! Dort herrscht meist eine höhere Luftfeuchtigkeit als in anderen Zimmern, weshalb sich das Bad super für feuchtigkeitsliebende Pflanzen eignet.

ZU WENIG NÄHRSTOFFE

Fehlen deinen Pflanzen Nährstoffe, zeigen sie dir das durch blasse gelbe Blätter, einen stetig schwachen Wuchs, und bei Blühpflanzen kommt es zu fehlender Blütenbildung. Informiere dich, wie oft und welchen Dünger deine Pflanze bevorzugt. Im Winter, wenn deine Pflanzen wenig wachsen, solltest du meist nicht düngen. Über die Nährstoffe, die Pflanzen benötigen, kannst du dich auf den Seiten 48-49 informieren.

ZU VIEL DÜNGER

Zu viele Nährstoffe bewirken ein ähnliches Pflegefehler-Bild wie zu wenig Nährstoffe. Bekommt eine Pflanze zu viele Nährstoffe, entsteht ein Prozess, den der ein oder die andere noch aus dem Schulunterricht kennt, eine Umkehrosmose. Hierbei werden der Pflanze Nährstoffe und Wasser aus ihren Zellen entzogen. Der Schaden ist zwar unumkehrbar, aber lässt sich mit dem folgenden Trick wieder gut machen: Gieße deine Pflanze in der folgenden Zeit mehr als gewohnt. Damit verdünnst du die hohe Nährstoffkonzentration in der Erde. Achte aber darauf, dass keine Staunässe entsteht, die Pflanze also nicht im Wasser steht. Hast du eine Pflanze, die mit viel Wasser ganz schlecht zurechtkommt, musst du die Pflanze umtopfen. Topfe deine Pflanze aus, entferne die überdüngte Erde von den Wurzeln und pflanze sie nun wieder in frisches Substrat ein.

KRANKHEITEN

***

WIE DU KRANKHEITEN ERKENNST UND WAS DU JETZT TUN SOLLTEST

WURZELFÄULE

Wurzelfäule entsteht, wenn die Pflanze zu viel gegossen wurde und dadurch zu lange in feuchtem Substrat stehen musste. Die Wurzeln bekommen nicht genug Sauerstoff und beginnen zu faulen. Hierbei sind Pilze am Werk, welche die Wurzeln befallen und schädigen. Diese Fäulnis lässt die Pflanze von unten her absterben. Die Wurzeln werden **dunkel und weich.** Stück für Stück breitet sich das Phänomen auf die weiteren Pflanzenteile aus. Die Blätter werden weich, gelb und fallen ab. Wenn nicht rechtzeitig erkannt, kippt die ganze Pflanze um. Hat sich die Wurzelfäule schon sehr weit ausgebreitet, hilft leider nichts mehr. Sind noch ein paar Wurzeln zu retten, kannst du die befallenen Wurzeln abschneiden. Topfe deine Pflanze dann in neues, trockenes Substrat um und fang erst langsam wieder mit dem Gießen an. So kann sie sich wieder erholen und neue Wurzeln bilden.

GRAUSCHIMMEL

Bei Grauschimmel bildet sich ein **gräulicher Belag** auf den Blättern. Das passiert gerade bei sehr schlechter Luftzufuhr sowie einem feuchten, engen Behältnis, welches die Pflanze unter Stress setzt. Die befallenen Blätter und Triebe musst du sofort abschneiden und die Pflanze an einen gut belüfteten Ort mit natürlichem Sonnenlicht stellen. Achte darauf, dass sie einen großen Abstand zu den anderen Pflanzen hat, damit sich der Grauschimmel nicht noch weiter ausbreitet.

ECHTER MEHLTAU

Die Blätter der Pflanze bekommen nach und nach einen **weißen, weichen Überzug?** Dann kann es sich um den Echten Mehltau handeln. Das ist oft der Fall bei einem unpassenden Standort, wenig frischer Luft und Wassermangel. Die Luftzufuhr sollte verbessert werden, befallene Blätter und Triebe abgeschnitten, die Pflanze passend gegossen und in nächster Zeit nur ganz vorsichtig wieder gegossen werden.

SCHWARZE PILZE

Diese Krankheit ist eine Folgeerscheinung von einem schon stattgefundenen Schädlingsbefall. Das heißt, dass wahrscheinlich schon Schädlinge auf der Pflanze sitzen, die ihr zusetzen und sie schwächen. Der Schwarze Pilz breitet sich bevorzugt auf den Ausscheidungen von beispielsweise Blattläusen oder Wollläusen aus. Er ist an seinen **schwarzen oder dunkelbraunen Flecken** zu erkennen. Der Pilz lässt sich mit einem weichen, feuchten Tuch vorsichtig, aber gründlich, abwischen. Danach solltest du deine Pflanze nach Schädlingen absuchen und diese gegebenenfalls sofort behandeln, damit die Pflanze aus ihrer Stressphase herauskommt.

BLATTFLECKENKRANKHEIT

Die Blattfleckenkrankheit wird durch Pilze hervorgerufen und zeigt sich in **braunen, roten oder gelblichen Flecken** an den Blättern. Bei einer zu hohen Luftfeuchtigkeit und stetig nassen Blättern kann sich der Pilz gut vermehren. Lichtmangel, Nährstoffmangel, zu wenig oder zu viel Dünger, also eine allgemein falsche Pflanzenpflege, kann die Ansiedlung des Pilzes sehr begünstigen. Der Pilz ist ansteckend für andere Pflanzen. Die befallenen Teile sollten darum sofort entfernt und entsorgt werden. Die Pflanze solltest du in großem Abstand zu den anderen stellen, damit sich der Pilz nicht weiterverbreitet. Je nach Ausbreitung lässt sich die Pflanze noch retten, ansonsten entsorge sie lieber, damit du den Pilz schnell loswirst.

SCHÄDLINGE

WENN DEINE PFLANZE UNGEBETENEN BESUCH BEKOMMT,
SOLLTEST DU SCHNELL HANDELN.

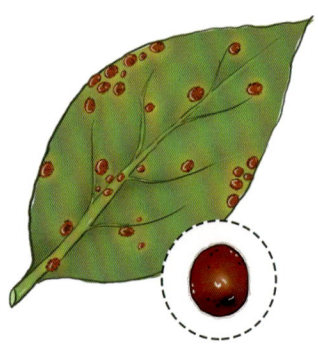

SCHILDLÄUSE

Die Läuse sammeln sich gerne in der **Blattmitte** und schützen sich mit einer schwer zu durchdringenden, wachsartigen Schicht. Sie sondern einen klebrigen Saft ab, den Honigtau, auf dem es sich weitere Pilze gemütlich machen können. Und als ob das noch nicht genug wäre, besitzen sie einen Stechrüssel, mit dem sie Pflanzensäfte saugen. Schildläuse loszuwerden ist leider sehr schwierig, denn mit ihren Panzern sind sie gut geschützt. Am besten verwendest du Schädlingsmittel auf Ölbasis. Es legt sich wie ein Mantel um die Schildläuse und lässt sie ersticken – klingt brutal, hilft aber.

WOLLLÄUSE

Deine Pflanze zeigt an manchen Stellen **weiße Wattebäusche?** Dann handelt es sich wahrscheinlich um Wollläuse. Sie werden auch Schmierläuse genannt und sind von einem weißen Flaum bedeckt. Sie setzen sich überall auf der Pflanze ab, saugen den Pflanzensaft und sondern Honigtau ab. Die Pflanze wird geschwächt, die Blätter werden gelb, und es kommt zu Blattabwurf. Wollläuse sind etwas schwerer loszuwerden. Manchmal helfen Mittel auf Ölbasis, das die Tiere ersticken lässt. Die Pflanze sollte in frisches und gesundes Substrat umgetopft und die Wollläuse abgeduscht oder abgewischt werden. Bei sehr starkem Befall lässt sich leider nicht mehr viel retten, bis auf die noch gesunden Pflanzen in deiner Wohnung. Wenn du dich jedoch nicht von deiner befallenen Pflanze trennen magst, kannst du gesunde Triebe abschneiden und sie neu bewurzeln lassen. Hierzu helfen dir die Tipps von S. 54–55 über das Vermehren von Pflanzen.

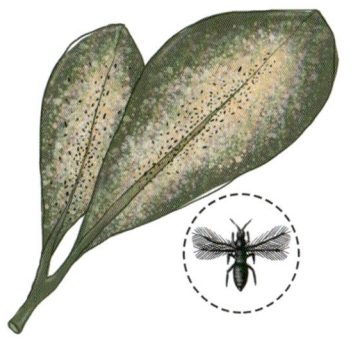

THRIPSE

Thripsen ernähren sich vom Zellsaft und essen sich dafür durch die Oberfläche der Blätter. Diese Insekten sind klein und entweder **hell- oder dunkelbraun.** Aufgrund ihrer geringen Größe wird ein Befall meist erst zu spät festgestellt. Erst größere Ansammlungen auf der Blattunterseite sind klar zu erkennen. Bei einem Thripsen-Befall färben sich die angeknabberten und angesaugten Blattstellen silbrig weiß. Die Blätter werden matt und fleckig. Es kann zu Deformierungen kommen. Thripsen mögen es gerne warm und trocken. Eine kühle Brise und etwas Luftfeuchtigkeit wird der Pflanze vorbeugend guttun. Ist deine Zimmerpflanze mit Thripsen befallen, hilft eine Seifenlauge. Zudem kannst du Blautafeln nutzen. Das sind selbstklebende Fliegenfängertafeln, die mit einer speziellen Lockfarbe versehen sind. Davon fühlen sich die Thripsen besonders angezogen.

HAUSMITTEL GEGEN THRIPSE

Als Hausmittel gegen Thripse hat sich Seifenlauge bewährt. Hierzu kannst du **1 l warmes Wasser mit etwas Spülmittel und 2 EL Olivenöl** mischen. Sprühe damit deine Pflanze ein und denke dabei auch an die Blattunterseiten, da sich hier die Thripse bevorzugt versteckt.

WEISSE FLIEGE

Die weiße Fliege zählt zu den Mottenschildläusen und ist am typischen Schadbild der **gelb gesprenkelten Blätter** zu erkennen. Sie legt ihre gelben Eier an der Blattunterseite der Pflanze ab, wo sich die Larven von dem Pflanzensaft ernähren können. Durch die Verletzungen und den Befall werden die Pflanzen geschwächt und anfällig gegenüber weiteren Krankheiten und Schädlingen. Du solltest die befallenen Pflanzenteile abschneiden und entsorgen. Da die erwachsenen Fliegen flugfähig sind, kannst du zudem gelbe Fliegenfängertafeln aufhängen, welche die Weiße Fliege anziehen.

SPINNMILBE

Spinnmilben mögen trockene und warme Luft. Das heißt, dass sie vor allem im Winter, wenn die Heizung auf Hochtouren läuft, vermehrt vorkommen. Das typische Schadbild sind mit **hellen Punkten übersäte Blattoberflächen.** Diese entstehen dadurch, dass die Spinnmilbe die Pflanze von der Blattunterseite anstich und aussaugt. Bei fortschreitendem Befall legt die Spinnmilbe ein feines Gespinst zwischen Blättern und Trieben an. Vorbeugend hilft es, für eine konstant hohe Luftfeuchtigkeit um die Pflanze herum zu sorgen. Auch Schädlingsmittel auf Öl-Basis helfen.

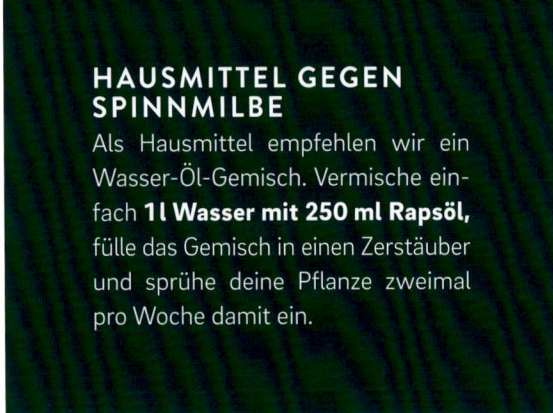

HAUSMITTEL GEGEN SPINNMILBE

Als Hausmittel empfehlen wir ein Wasser-Öl-Gemisch. Vermische einfach **1 l Wasser mit 250 ml Rapsöl,** fülle das Gemisch in einen Zerstäuber und sprühe deine Pflanze zweimal pro Woche damit ein.

TRAUERMÜCKE

Die kleinen, schwarzen Fliegen machen sich gerne auf der Pflanze und dem Substrat breit und ernähren sich von organischem Material, wie abgestorbenen Pflanzenteilen oder Pflanzenwurzeln. Jedes Mal, wenn du deine Pflanze gießt, fliegen die Mücken in kleinen **Schwärmen** auf. Die Mücken schädigen die Pflanze eigentlich nicht direkt. Sie knabbern aber auch gerne mal die Wurzeln der Pflanze mit an. Damit kann die Pflanze geschwächt und anfälliger gegen weitere Krankheiten und Schädlinge werden. Gesunde Zimmerpflanzen kommen jedoch recht gut klar mit Trauermücken. Man kann diese mit gelben Fliegenfängertafeln von den Pflanzen weglocken und das Substrat mit Kies bedecken, damit die Weibchen keine Eier mehr darauf ablegen.

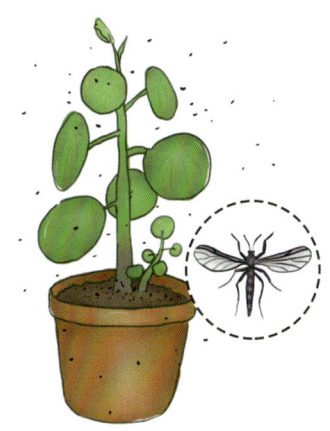

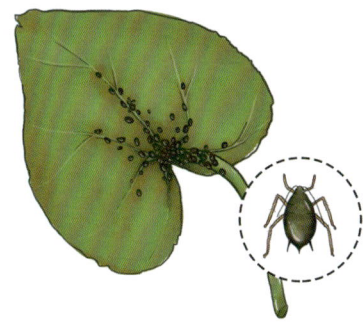

BLATTLÄUSE

Blattläuse können grün, schwarz oder grau sein und bis zu 7 Millimeter groß werden. Sie vermehren sich schnell und setzen sich an Trieben oder Blütenspitzen fest. Dort saugen sie an dem Pflanzensaft und schwächen die Pflanze durch Nährstoffentzug oder das Übertragen von Krankheiten. Die Blattlaus sondert Honigtau ab, der sich als **klebriger Überzug** auf der Pflanze bemerkbar macht.

HAUSMITTEL GEGEN BLATTLÄUSE

Bei Blattlausbefall solltest du deine Pflanze abduschen und dann mit einem Mittel auf Basis unparfümierter Seife besprühen, wie zum Beispiel Schmierseife. Mische hierfür **ca. 25 ml Schmierseife mit 1 l leicht warmem Wasser,** damit sich die Seife gut lösen kann. Sprühe die Blätter deiner Pflanze nun gleichmäßig von oben und unten ein.

MIT PFLANZEN GESTALTEN

VIELLEICHT BIST AUCH DU HIN UND WIEDER ERSCHLAGEN VON DER FÜLLE AN PFLANZEN, DIE ES GIBT. WELCHE PFLANZEN BESSER IN EINEN BESTIMMTEN RAUM ALS ANDERE PASSEN, HAT VIEL MIT IHREN URSPRÜNGLICHEN HERKUNFTSGEBIETEN UND IHREN EIGENSCHAFTEN ZU TUN. IN DIESEM KAPITEL SIND FÜR ALLE WOHNBEREICHE PASSENDE PFLANZEN ZUSAMMENGETRAGEN.

RÄUME DER ERHOLUNG

MIT DIESEN PFLANZEN BEKOMMST DU GEWISS
SÜSSE TRÄUME IN GRÜN.

Wie schön ist doch die Vorstellung, am Morgen als Erstes ein grünes Meer aus Blättern zu sehen. Hier sind unsere Lieblingspflanzen fürs Schlafzimmer. Bis auf den Federspargel sind sie luftreinigend und darum besonders für Räume der Erholung geeignet.

GESTALTUNGSTIPP

An dein Schlafzimmerfenster kannst du Ableger in Gläser mit Wasser stellen. Einmachgläser sehen übrigens besonders hübsch aus. So kannst du deinen jungen Pflanzenkindern beim Wurzelnschlagen zusehen.

01 ELEFANTENFUSS

Mit seinem dicken Stamm und filigranen langen dünnen Blättern gibt er einen wunderschönen Kontrast in sich ab. Er regt zum Träumen von fernen Ländern an. Stelle ihn in eine helle, sonnenbeschienene Zimmerecke.

02 GELDBAUM

Hinter dem Namen versteckt sich der Brauch, diese Pflanze als Glücksbringer zu verschenken. Als pflegeleichte Pflanze kann er dir in deiner Wohnung auch das Pflanzenglück bringen.

03 FEDERSPARGEL

Das Blattwerk wirkt unglaublich zart und versprüht eine gewisse Verspieltheit und Leichtigkeit.

04 ALOE VERA

Eine dekorative und pflegeleichte Pflanze mit wertvollen Heilkräften. Sie wächst nicht nur in schönen Grüntönen, auch ihre Blätter kannst du vielfältig verwenden.

HELLE RÄUME

DIESE PFLANZEN EIGNEN SICH FÜR DEINE
LICHTDURCHFLUTETEN RÄUME

Wenn die Sonne durch die Blätter einer Pflanze scheint, bricht sich das Licht und bringt die Blätter zum Leuchten. Gibt es in deiner Wohnung einen hellen Ort, der den ganzen Tag über von der Sonne erstrahlt? Dort fühlen sich diese Pflanzen dann wie im Paradies.

GESTALTUNGSTIPP

Gruppiere deine Lieblingssonnenpflanzen in schönen, kleinen Töpfen auf deinem Fensterbrett. Hängepflanzen wirken besonders schön in Blumenampeln. Makramee-Blumenampeln kannst du ganz einfach nach deinen eigenen Wünschen mit unterschiedlichen Knüpftechniken und in deiner Wunschfarbe selbst gestalten.

01 WOLFSMILCHKAKTUS

Diese imposante Kakteenart kennt man aus Westernfilmen. Sie liebt die Sonne und passt in einem Beton-Übertopf oder einem Korb hervorragend zu cleanem Interior.

02 ELEFANTENOHR

Mit ihren großen ausladenden Blättern kannst du sie gezielt als Raumteiler einsetzen oder in der Sonne als Blickfang aufstellen. Die Alocasia Zebrina besitzt zum Teil einen abgefahrenen Stiel mit Zebrastreifenmuster.

03 BOGENHANF

Eine elegante und luftreinigende Pflanze. Die langstielige Sansevierie gibt es in unzähligen Varianten und kreativen Grünschattierungen und sticht damit in Pflanzengruppen hervor.

04 FLAMINGOBLUME

Jetzt wird's bunt, ob gelb, orange oder rot. Die Flamingoblume bringt Leben auf deine sonnige Fensterbank.

RÄUME MIT WENIG LICHT

AUCH IN GEHEIMNISVOLLEN, SCHATTIGEN ECKEN LÄSST
SICH EIN DSCHUNGEL-FLAIR ERZEUGEN.

In jeder Wohnung gibt es Orte, die etwas weniger hell sind und daher vielleicht auch weniger freundlich aussehen. Gestaltet man diese Orte bewusst, profitiert die ganze Wohnung davon. Einige Pflanzen vertragen schattigere Orte weniger, andere aber umso mehr.

GESTALTUNGSTIPP

An sehr dunklen Orten überlebt keine Pflanze. Um solche Orte trotzdem mit Grün zu versorgen, kannst du Pflanzen einen Zweitwohnsitz geben. Stelle eine der Pflanzen für die erste Woche an den dunklen Ort und für die zweite Woche an einen helleren Platz, eine Woche später wechselst du wieder.

01 ORCHIDEE

In freier Natur können sie unter dichtem Laub wachsen – bei dir zu Hause setzen sie auch in dunkleren Ecken exotische Farbakzente. Es gibt verschiedene Arten, manche bevorzugen den Schatten, wie gewisse Sorten des Frauenschuhs.

02 EFEUTUTE

Die Pflanze mit den grünen, langen Ranken kann kunstvoll an der Wand oder um einen Stab herum drapiert werden. Die Efeutute gibt es in verschiedenen Grüntönen. Ob hell, dunkel oder gemustert, deine Lieblingsfarbe ist bestimmt dabei.

03 FORELLENBEGONIE

Mit ihren weißen Tupfern sehen die Blätter der Forellenbegonie fast wie bemalt aus. Im Sommer bildet sie leuchtend weiße Blüten. Sie kann mit wenig Licht umgehen, freut sich aber auch über etwas Sonne.

04 UFOPFLANZE

Mit ihren dünnen Stielen und großen, tellerrunden Blättern schwebt sie in deiner Wohnung. Besonders für halbschattige Orte geeignet.

FEUCHTE RÄUME

MIT DIESEN PFLANZEN KANNST DIR ZU HAUSE DEINE
EIGENE ERFRISCHENDE REGENWALDDUSCHE GESTALTEN.

GESTALTUNGSTIPP

Besorge dir für Räume mit hoher Luftfeuchtigkeit rankende Pflanzen und
lass sie von der Decke hängen. Du
kannst auch welche direkt in die Dusche hängen. Achte nur darauf, dass
sie genug Licht bekommen. Für dunk-
lere Bäder eignet sich die Erbsenpflanze, die sehr wenig Licht braucht.

01 BAUMFREUND

Ein grüner Mitbewohner mit einem freundlichen
Namen. Der Baumfreund gehört zu den kletternden Philodendron-Arten und macht sich daher
sehr gut in Hängeampeln oder an Kletterhilfen.

02 EINBLATT

Bei guter Pflege bildet das Einblatt ein dichtes
großes Meer aus raschelnden, grünen Blättern.
Ihre zarte, weiße Blüte setzt sich wunderschön
von der dunkelgrünen Farbe ab.

03 PFEILBLATT

Das feuchtigkeitsliebende Pfeilblatt sticht durch
seine dunkelgrünen, weiß geäderten Blätter
hervor und ist ein wunderschöner Blickfang in
jedem Zimmer.

04 TILLANDSIE

Eine pflegeleichte Pflanze, die es in vielen wunderschönen Farben und Formen gibt. Hast du
mehrere Tillandsien, kannst du sie an einem Ast
als Mobile aufhängen oder Tillandsien-Ständer
kaufen und sie auf den Tisch stellen. In der Natur
filtern sie Wasser und Nährstoffe aus der Luft.

RÄUME DER KONZENTRATION

DIESE PFLANZEN VERBESSERN BESONDERS GUT
DAS RAUMKLIMA UND FÖRDERN SO DIE KONZENTRATION.

Schon vor Jahrhunderten gingen Dichter, Maler und Zen-Meister in die Natur, um sich inspirieren zu lassen und den Kopf frei zu bekommen. Laut Studien kann schon eine Pflanze im Raum die Produktivität steigern. Die Farbe Grün wirkt zudem entspannend auf den Geist.

GESTALTUNGSTIPP

Große Pflanzen kannst du als Raumteiler aufstellen, wenn dein Arbeitsbereich mitten im Wohnzimmer liegt. Bei ausreichend Platz auf deinem Arbeitstisch kannst du darauf gezielt kleine Pflanzen platzieren.

01 KENTIA-PALME

Das ist ein Klassiker in Büroräumen, denn sie filtert konstant die Luft und ist eine pflegeleichte Begleiterin. Sie schafft leicht ein tropisches Flair.

02 KORBMARANTHE

Die ursprünglich aus dem Urwald Südamerikas stammende Korbmaranthe schmückt und inspiriert durch ihre dekorativ gemusterten, eleganten Blätter. Eine wunderschöne Pflanze, um deinen kreativen Geist am Arbeitsplatz zu wecken. Wenn es Abend wird, geschieht etwas Magisches: Die Korbmarante klappt ihre Blätter hoch und geht schlafen– ein tägliches kleines Schauspiel.

03 DIEFFENBACHIE

Die Pflanze ist der Star unter den luftreinigenden Pflanzen. Sie bildet zudem schöne, große, zum Teil panaschierte Blätter, ein Hingucker.

04 GRÜNLILIE

Die Grünlilie ist ebenfalls ein wunderbarer Luftreiniger. Bei guter Pflege bildet sie permanent kleine Kindel, die herabhängen und einfach abgeschnitten und neu eingetopft werden können.

DER FLASCHENGARTEN

SO ERSCHAFFST DU DEIN EIGENES KLEINES AUTARKES ÖKOSYSTEM.

WIE FUNKTIONIERT EIN FLASCHENGARTEN?

Um zu verstehen, wie ein autarkes Ökosystem in einer Flasche funktioniert, werfen wir einen Blick auf die Abläufe in der Natur. Die sogenannten Zersetzer im Boden leben von abgestorbenen Teilen der Pflanzen und bilden unter Sauerstoffverbrauch Kohlendioxid und Nährstoffe für die Pflanzen. Die Pflanze betreibt mit Kohlendioxid, Lichtenergie und Wasser Photosynthese und produziert dabei Sauerstoff und Zucker. Leider kannst du nicht jede Pflanze in deinen Flaschengarten pflanzen. Einige vertragen die hohe Feuchtigkeit nicht, andere werden zu groß für das kleine Biotop.

MOOS

Die wichtigste Pflanze in deinem Ökosystem ist das Moos. Es speichert das Wasser in dem Flaschengarten und gibt es im Laufe des Tages wieder ab. Durch die

Verdunstung des Wassers aus dem Moos wird der Wasserhaushalt im Glas reguliert. Am besten eignen sich **Sphagnum-Moos, Javamoos und Sternmoos.** Sphagnum-Moos nimmt viel Wasser auf und schafft ein optimales Klima. Javamoos wird auch oft in der Aquaristik verwendet, da es über als auch unter dem Wasser wächst. Der Sternmoos ist eigentlich gar kein Moos, sondern ein Nelkengewächs. Er wird gern für Flaschengärten genommen, weil er zwischen Juni und August eine hübsche weiße Blüte trägt und zusätzlich noch sehr robust und pflegeleicht ist.

HEIMISCHE PFLANZEN

Auch Pflanzen aus der heimischen Flora können durchaus interessant sein. Du kannst deinen Flaschengarten auch nach unserem heimischen Wald bestücken. In den Wäldern findest du nämlich einige Efeu- und Farnarten. Wichtig dabei ist, dass du auch etwas Erde aus diesem Gebiet mitnimmst. So ist die Wahrscheinlichkeit groß, dass du einige Samen und kleine Tierchen mit einpackst. Dadurch fängt dein Biotop gleich an zu leben.

TROPISCHE PFLANZEN

Am besten jedoch eignen sich tropische Pflanzenarten. Diese freuen sich besonders über ein feucht-warmes Klima und sind meist sehr robust. Bromelien eignen sich für das Flaschengarten-Anlegen sehr gut, sie sind tropische und subtropische Gebiete gewohnt. Beliebt sind auch Mini-Orchideen, es gibt unglaublich viele Arten, und sie blühen wunderschön. Sie fühlen sich aufgrund des tropischen Klimas in Flaschengärten sehr wohl. Beliebte Arten sind hier die weiß blühenden **Aerangis citrata, Aerangis rhodostricta** und die rosé-farben blühende **Ascocentrum pusillum.**

Fast in jedem Flaschengarten finden sich Farne. Geeignete kleinbleibende Arten sind **Aglamorpha heraclae 'Mini', Aplamorpha meyeniana 'Mini', Asplenum daucifolium** und **Davallia fejeensis.**

TIERISCHE HELFER

Kleine Lebewesen sind beim Flaschengarten-Anlegen unglaublich wichtig. Ohne sie würde das ganze Ökosystem nicht funktionieren. Weiße Asseln oder tropische Springschwänze sind wenige Milimeter groß, können aber Enormes bewirken. Diese kleinen Nützlinge ernähren sich von abgestorbenen Pflanzenteilen und sogar Schimmelpilzen. Du bekommst sie im Fachhandel für Terrarienbedarf, da sie auch als Putzkolonne für Tropen-Terrarien sehr beliebt sind.

DIY

DEIN EIGENER
FLASCHENGARTEN

Du kannst dir die Materialien entweder als Gesamtpaket kaufen oder dir selbst zusammensuchen. Vielleicht hast du ja bereits ein schönes Glas bei dir zu Hause herumstehen, das du gerne mit Leben füllen möchtest?

BEVOR ES LOSGEHT: DESINFEKTION

Vor dem Start müssen Gefäß und Steine mit kochendem Wasser desinfiziert werden. Die Steine kannst du in einen Stoffbeutel oder ein Sieb geben, damit sie nicht im Abfluss verschwinden.

— SO GEHT'S —

01

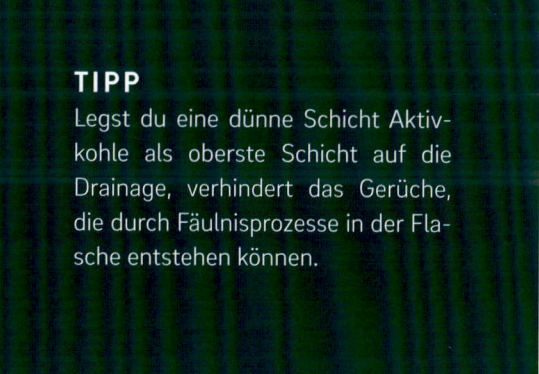

TIPP

Legst du eine dünne Schicht Aktivkohle als oberste Schicht auf die Drainage, verhindert das Gerüche, die durch Fäulnisprozesse in der Flasche entstehen können.

BEFÜLLEN MIT ERDE UND KIES

Fülle nun den Kies oder die Steine etwa 2 cm hoch in das Glas, das ist der Untergrund für die Drainage. Dieser ist sehr wichtig, damit die Erde nicht die ganze Zeit im Wasser steht. Gib eine etwa doppelt so dicke Schicht Erde darüber. Feuchtest du sie etwas an, kannst du sie besser handhaben.

WEITER GEHT'S →

BEFÜLLEN MIT PFLANZEN

Wichtig sind hier Pflanzen, die eine hohe Luftfeuchtig-keit brauchen. Je dünner der Flaschenhals, desto höher wird die Luftfeuchtigkeit in deinem Flaschengarten. Gib den kleinen Erdballen der Pflanze vom Wuchsort mit in die Flasche. Drücke die Erde und Pflanzen vorsichtig an, damit sie sicher stehen. Wir haben uns hier für ei-nen Federspargel und eine Mosaikpflanze entschie-den, die einen tollen Blattkontrast bieten. Die Moos-stücke legst du als letzte Schicht auf die Oberfläche.

GIESSEN, DECKEL SCHLIESSEN UND SICH FREUEN

Nach dem Anlegen kommt das Bewässern. Das Wasser kannst du vorsichtig an der Glasinnenwand herunter-laufen lassen, so kannst du Verschmutzungen von der Wand entfernen. Die Erde sollte leicht feucht sein, die Wurzeln dürfen jedoch nicht im Wasser stehen. Einen Flaschengarten anlegen kann so einfach sein und macht auch noch glücklich. Schließe den Deckel und erfreue dich an deinem kleinen eigenen Ökosystem.

FERTIG!

SO PFLEGST DU DEINEN FLASCHENGARTEN

Wie du siehst, ist das Anlegen eines Flaschengartens überhaupt nicht schwer und macht sehr viel Spaß. Auch weiterhin solltest du deinen Flaschengarten beobachten und schauen, ob sich etwas verändert.

Der richtige Standort für den Flaschengarten

Ein heller Platz ist für den Flaschengarten perfekt, achte jedoch darauf, dass er nicht in der prallen Sonne steht. Stelle ihn gut sichtbar auf, damit du die Vorgänge im Inneren sehen kannst. Besonders für Kinder kann das sehr spannend und lehrreich sein.

Die optimale Wassermenge

Nach dem Anlegen deines Flaschengartens solltest du ihn einige Tage beobachten. Beschlägt am Morgen das Glasinnere, trocknet jedoch im Laufe des Tages, hast du die richtige Wassermenge bemessen. Kondensiert das Wasser den ganzen Tag, sollte das Glas einige Tage offengelassen werden. Ist kein Tau zu sehen, kannst du noch etwas wässern.

PFLANZEN-PORTRÄTS

JETZT GEHT ES AN DEINE PERSÖNLICHE PFLANZEN-
AUSWAHL! GANZ NACH DEINEM GESCHMACK UND DEINEN
INDIVIDUELLEN WÜNSCHEN KANNST DU DIR AUF DEN
FOLGENDEN SEITEN EINEN ÜBERBLICK ÜBER DIE VIELZAHL
AN WUNDERVOLLEN ZIMMERPFLANZEN VERSCHAFFEN.

IM PORTRÄT

**WELCHE ZIMMERPFLANZE DARF ES SEIN? VIEL SPASS
BEIM STÖBERN DURCH DIE PFLANZENPORTRÄTS.**

Auf den folgenden Seiten haben wir für dich eine Auswahl von wunderschönen Zimmerpflanzen in Porträts zusammengestellt. Zur guten Übersichtlichkeit sind die Pflanzenporträts in die Kategorien Grünpflanzen, Palmen und Farne, Blühpflanzen und Tilandsien sowie Kakteen und Sukkulenten eingeteilt. Zu jeder Pflanze geben wir dir die wichtigsten Fakten zu Standort und Pflege an die Hand. Damit du auf einen Blick sehen kannst, worauf es bei den jeweiligen Pflanzen ankommt, sind die Hauptpunkte zusätzlich in Form von Symbolen dargestellt. In der Legende unten siehst du, welche Bedeutung hinter den einzelnen Symbolen steckt. Die Hinweise hinter den Symbolen geben dir schon einmal eine Richtung, was die Pflanze braucht. Dennoch solltest du jede deiner Zimmerpflanzen individuell behandeln und, besonders was den Wasserbedarf angeht, deine Pflanze genau beobachten und auf ihre Bedürfnisse individuell reagieren.

SYMBOLLEGENDE

 Herkunft

Standort

● **Schatten:** lichtarmer Standort, auf den kaum Sonnenlicht scheint

☼ **Halbschatten:** heller Standort mit indirektem Licht oder maximal vier bis sechs Stunden Sonne am Tag, keine Mittagssonne

☀ **Sonne:** sonniger Standort, der den ganzen Tag über Sonne bekommt und auch von der Mittagssonne beschienen wird

Pflege

Die Pflanze zweimal pro Woche gießen. Die Erde sollte immer leicht feucht gehalten werden und darf niemals ganz austrocknen.

Pflanze einmal pro Woche gießen. Der Topf darf nie komplett durchtrocknen.

Pflanze nur alle zwei Wochen gießen. Der Topf muss vor dem nächsten Gießvorgang komplett durchtrocknen.

 Diese Pflanzen sind für Katzen, Hunde und Kinder giftig.

 Diese Pflanze freut sich, wenn du sie täglich mit kalkarmem Wasser besprühst.

GRÜN-PFLANZEN

UFOPFLANZE
PILEA PEPEROMIOIDES

Laut chinesischer Tradition soll die Ufopflanze für Reichtum sorgen. Sie wird nur 30–40 cm hoch. Die Blätter wachsen an dünnen Blattstielen und haben die Form eines fremden Flugobjektes.

📍 Ursprünglich kommt sie aus dem Cangshang-gebirge in der Provinz Yunnan in China. Dort wächst sie in Höhen von bis zu 3000 m.

☀️ hell bis halbschattig, vor direkter Sonnen-einstrahlung schützen

💧 Der Wurzelballen darf nie ganz austrocknen. Trotzdem sollte das Wasser nicht am Topfboden stehen, sonst fangen die Wurzeln an zu faulen und deine Ufopflanze stirbt ab.

Die Ufopflanze lässt sich prima mit Ablegern vermehren.

GERUNZELTE PEPEROMIE
PEPEROMIA CAPERATA

Die Blätter der Peperomie haben sukkulente Eigen-schaften und können daher etwas Wasser für Tro-ckenperioden speichern.

📍 Der Ursprung dieses Hybriden liegt in den tropi-schen Regionen Brasiliens.

☀️ Die Peperomie kann gut im Halbschatten stehen, braucht jedoch Morgen- und Abendsonne.

💧 Einmal pro Woche gießen, dabei darauf achten, dass das Substrat vorher oberflächlich angetrock-net ist. Mit gelegentlicher Ballentrockenheit kommt sie gut zurecht, Staunässe muss vermie-den werden. Eine hohe Luftfeuchtigkeit wird bevorzugt, besprühe sie daher einmal am Tag.

ELEFANTENOHR
ALOCASIA ZEBRINA

Das Elefantenohr kann eine Größe von bis zu 90 cm erreichen. Die Blätter können in seinen Herkunftsregionen einen Durchmesser von eineinhalb Meter bekommen und bieten so in den Tropen Schutz vor Regen.

📍 Das Elefantenohr stammt aus Südostasien und liebt daher tropische Klimazustände mit einer hohen Luftfeuchtigkeit.

🌤 Hell, aber keine direkte Sonneneinstrahlung. Bei zu viel direktem Licht können die Blätter leicht verbrennen. Gut für helle Badezimmer geeignet.

💦 Die Erde immer leicht feucht halten, ein- bis zweimal pro Woche mit leicht lauwarmem Wasser gießen, Sumpf vermeiden. Zusätzlich regelmäßig mit kalkarmem Wasser besprühen.

'PINK DRAGON' PFEILBLATT
ALOCASIA BAGINDA 'PINK DRAGON'

Diese tropische Pflanze erscheint wie ein kontrastreiches Kunstwerk. Mit ihren pinkfarbigen hellen Stielen und dunkelgrünen langen Blättern wirkt sie elegant und dekorativ.

📍 Die Pflanze hat ihren Ursprung in Südostasien und liebt tropisch warmes Klima.

🌤 Das Pfeilblatt bevorzugt einen hellen Standort mit indirektem Sonnenlicht. Direkte Mittagssonne bitte vermeiden.

💦 Die Erde immer leicht feucht halten und ein- bis zweimal die Woche gießen. Zusätzlich einmal am Tag mit Wasser besprühen.

PFEILBLATT
ALOCASIA SANDERIANA

Die Alocasia sanderiana hat dunkelgrüne lange gezackte Blätter mit stark ausgeprägten hellen Blattadern, die ihr ein extravagantes Aussehen verleihen.

📍 Das Pfeilblatt kommt aus den tropischen Regionen des südostasiatischen Raumes sowie den östlichen Tropen Australiens.

☀ Die Alocasia sanderiana bevorzugt einen hellen Standort mit Morgen- und Abendsonne.

💧 Halte die Erde deines Pfeilblatts immer leicht feucht und gieße sie ein- bis zweimal die Woche. Besprühe zusätzlich die Blätter regelmäßig oder dusche sie ab.

GEFLECKTE SINNBLUME
AESCHYNANTHUS MARMORATUS

Kleine ledrige Blätter mit dunkel- und hellgrüner Marmorierung. Ihre auffallend länglichen Blüten sind bei manchen Arten kräftig rot gefärbt.

📍 Die Aeschynanthus stammt ursprünglich aus den Tropen Asiens.

☀ Suche deiner Sinnblume einen hellen Ort in deiner Wohnung, jedoch ohne direkte Sonne.

💧 Der Wurzelballen sollte niemals austrocknen, halte ihn also immer leicht feucht und lasse nur die obere Substratschicht leicht antrocknen. Staunässe sollte vermieden werden. Besprühe sie regelmäßig oder stelle sie in dein Badezimmer.

Im Sommer kannst du Verblühtes abzupfen, das fördert neuen Blütenansatz.

GOLDENE EFEUTUTE
EPIPREMUM AUREUM

Diese Efeutute braucht wenig Pflege und trägt dafür viele schöne grüne Blätter. Die langen Ranken können ewig lang werden und über Blumenampeln herabhängen.

- Die Efeutute kommt aus den tropisch warmen Gegenden des südostasiatischen Raumes.

- Stelle deine Efeutute an einen halbschattigen Platz mit indirektem Licht.

- Gieße sie gleichmäßig ein- bis zweimal die Woche. Staunässe oder ein zu langer feuchter Wurzelballen sollten unbedingt vermieden werden.

Sie lässt sich prima mit Stecklingen vermehren.

GEFLECKTE EFEUTUTE
SCINDAPSUS PICTUS

Die Gefleckte Efeutute unterscheidet sich durch ihre marmorierten Blätter von der Goldenen. Auch sie zählt zu den sehr robusten Zimmerpflanzen.

- Die Scindapsus pictus stammt aus den tropischen Regionen Südostasiens.

- Halbschattige Zimmerecken sowie helle Fensterplätze mit indirektem Sonnenlicht eignen sich hervorragend.

- Sie sollte ein- bis zweimal pro Woche mit Wasser und im Frühling und Sommer alle zwei Wochen mit Dünger versorgt werden. Besprühe sie im Sommer regelmäßig.

Die gefleckte Efeutute lässt sich prima mit Stecklingen vermehren.

FORELLENBEGONIE
BEGONIA MACULATA 'WIGHTII'

Die Forellenbegonie, oder auch Polka-Dot-Begonie, besitzt Blätter mit silbrigen Punkten auf dunklem Blattgrün. Diese besondere Pflanze sieht wunderschön aus und ist dazu auch noch pflegeleicht!

📍 Diese Begonie kommt aus den tropischen und subtropischen Regionen Mittelamerikas.

☀ Sie mag es gerne hell, sollte aber vor der Mittagssonne geschützt werden.

💧 Gieße sie einmal die Woche. Die Erde sollte vor jedem erneuten Gießen leicht antrocknen, aber niemals durchtrocknen. Zu viel Wasser und Staunässe sorgt für Blattabfall.

Die Begonie lässt sich gut per Stecklinge vermehren.

KORBMARANTE
CTENANTHE BURLE-MARXII

Die Blätter haben die Eigenart, sich bei Einbruch der Nacht nach oben zu falten oder einzurollen. Damit begibt sie sich in eine Art Ruhezustand. Die Korbmaranthe ist etwas pflegeaufwendiger.

📍 Sie stammt aus Brasilien und wächst dort in den feuchten Wäldern auf dem Boden.

☀ Bei dir zu Hause braucht sie es warm, feucht und halbschattig.

💧 Das Substrat sollte immer leicht feucht sein, Staunässe ist aber zu vermeiden. Lass die obere Schicht leicht antrocknen, bevor du sie das nächste Mal gießt. Gieße sie ein- bis zweimal die Woche und besprühe sie einmal am Tag.

KORBMARANTE 'SANDERIANA'
CALATHEA ORNATA 'SANDERIANA'

Die Korbmarante 'Sanderiana' hat dunkelgrüne Blätter mit rosa Blattadern. Diese Blätter kann sie nach der Sonne und dem Lichteinfall richten, was ihr beim Überleben und Gedeihen hilft.

📍 Diese Korbmarante hat ihre heimischen Wurzeln in Venezuela und Kolumbien.

☀ Morgen- und Abendsonne werden sehr gut vertragen. Ein halbschattiger Standort simuliert die Standortbedingungen ihrer Heimat.

💧 Gegossen werden sollte einmal die Woche. Das Substrat kann dazwischen ruhig etwas antrocknen, sollte aber niemals ganz durchtrocknen.

DREIBLÄTTRIGER KLEE
OXALIS TRIANGULARIS

Er kommt mit dunkelvioletten oder grünen dreieckigen Blättern daher und bildet viele filigrane weiße oder hellrosa Blüten. Der Klee ist generell ungiftig, größere Mengen sollten nicht verzehrt werden.

📍 Ursprünglich stammt der Klee aus den südamerikanischen Regionen.

☀ Der Oxalis triangularis steht gern an einem hellen, aber nicht vollsonnigen Standort. Er sollte vor der Mittagssonne geschützt werden.

💧 Diese Pflanze braucht regelmäßig, ein- bis zweimal die Woche, Wasser. Die obere Substratschicht sollte vor dem Gießen leicht antrocknen. Staunässe sollte unbedingt vermieden werden, da die Pflanze sehr empfindlich reagiert.

STRAHLENARALIE
SCHEFFLERA

Die bekannte, pflegeleichte Strahlenaralie sticht mit ihren strahlenförmig angeordneten dunkelgrünen Blättern hervor. Aufgrund der Form wird sie auch Fingerbaum genannt.

📍 Die Schefflera kommt aus Thailand und Japan.

☀ Für die Schefflera ist ein heller Standort mit indirektem Licht wichtig. Zu wenig Licht lässt sie eher hoch und weniger stabil wachsen.

💧 Einmal die Woche Wasser reicht der Schefflera aus. Die obere Schicht sollte gut durchtrocknen, bevor sie wieder gegossen wird. Im Sommer solltest du sie regelmäßig mit Wasser besprühen.

Sie lässt sich mit Blattstecklingen vermehren.

FEDERSPARGEL
ASPARAGUS SETACEUS

Der Federspargel versprüht Leichtigkeit. Er zählt botanisch zur Familie der Spargelgewächse. Die Ähnlichkeit ist am Blattwerk der uns bekannten essbaren Spargelpflanze erkennbar.

📍 Die Pflanze stammt ursprünglich aus Asien und Südostafrika.

☀ Der Federspargel bevorzugt einen hellen Standort mit viel indirekter Sonne. Herrscht Lichtmangel, wirft die Pflanze ihre Blätter ab.

💧 Die Erde der Pflanze sollte immer gleichmäßig feucht gehalten werden und darf niemals durchtrocknen. Gieße sie ein- bis zweimal die Woche und besprühe sie im Sommer einmal am Tag.

EINBLATT
SPATIPHYLLUM CANNIFOLIUM

Ihre dunkelgrünen Blätter kontrastieren wunderbar mit der feinen weißen Kolbenblüte. Sie wirkt luftreinigend und bildet bei guter Pflege ein buschig grünes Blattwerk aus.

- Das Einblatt ist in den tropischen Regenwäldern von Kolumbien und Venezuela beheimatet.

- Die ursprüngliche Umgebung des Einblattes ist feucht und schattig. Badezimmer eignen sich einwandfrei.

- Wenn die obere Erdschicht leicht angetrocknet ist, ist es Zeit für die nächste Wasserzufuhr. Die Pflanze sollte ein- bis zweimal die Woche gegossen werden. Staunässe oder Trockenheit verträgt sie weniger gut. Besprühe sie zusätzlich mehrmals die Woche mit Wasser.

FICUS
FICUS BENJAMINI

Seine kleinen adretten Blätter sind teils grün-weißlich panaschiert. Bei guter Pflege wird dich dein Ficus einige Jahrzehnte lang begleiten.

- Seinen Ursprung hat der Ficus vor allem in Indien, China und Australien.

- Der Ficus mag gerne helle Standorte mit indirektem Sonnenlicht.

- Feuchte Füße bekommen ihm gar nicht gut. Die obere Schicht sollte angetrocknet sein, bevor er wieder gegossen wird. Er sollte einmal die Woche gegossen werden.

Der Ficus lässt sich gut mit Stecklingen vermehren.

DIEFFENBACHIE
DIEFFENBACHIA SEGUINE

Die Dieffenbachie sorgt für frische Luft. Da sie giftig ist, ist sie leider nicht für Haushalte mit Kindern oder Haustieren geeignet.

📍 Die Dieffenbachie ist im südlichen Mexiko, dem nördlichen Südamerika und Brasilien beheimatet.

☀ Ein heller bis halbschattiger Standort, ohne direktes Sonnenlicht bekommt der Pflanze sehr gut. Direkte Sonne vermeiden.

💧 Vor jedem Gießen die obere Substratschicht leicht antrocknen lassen. Es reicht, die Pflanze einmal in der Woche und an heißen Sommertagen zweimal in der Woche zu gießen. Besprühe sie außerdem regelmäßig mit Wasser.

Sie lässt sich gut mit Stecklingen vermehren.

PURPURTUTE
SYNGONIUM PODOPHYLLUM

Ob hängend, kletternd oder kriechend. Wenn du eine Purpurtute bei dir hast, wird sie sich langsam auf ihre Art in deiner Wohnung ausbreiten.

📍 Sie findet ihren Ursprung in den tropischen Regenwäldern von Südmexiko, Mittel- und Südamerika. Dort wächst sie an Bäumen, welche ihr Schutz vor der direkten Sonne geben.

● Hinsichtlich ihrer ursprünglichen Herkunft mag sie es gerne etwas schattig.

💧 Die Purpurtute benötigt viel Wasser, verträgt aber keine dauerhaft feuchte Erde. Daher die oberste Schicht immer antrocknen lassen und dann erst wieder großzügig gießen.

Die Purpurtute lässt sich gut im Frühling mit Stecklingen vermehren.

MONSTERA
MONSTERA DELICIOSA

Die Monstera ist sehr pflegeleicht. Die großen herzförmigen Blätter bilden mit der Zeit Einschneidungen aus, die dafür sorgen, dass auch der untere Teil der Pflanze genug Licht abbekommt.

- In der Natur ist sie in den tropischen Regionen Mittel- und Südamerikas anzutreffen, sowie auf den karibischen Inseln.

- Die Monstera wird fast überall dort in deiner Wohnung wachsen können, wo man Licht vermutet.

- Die obere Erdschicht vor dem Gießen einmal gut antrocknen lassen. Es reicht, wenn du deine Monstera einmal die Woche kräftig gießt. Das regelmäßige Besprühen oder Abwischen befreit die großen Blätter von Staub.

Sie lässt sich sehr gut mit Stecklingen vermehren.

MARANTE 'FASCINATOR'
MARANTA LEUCONORA

Sie besticht mit ihren roten bis rosafarbenen Blattadern und grün-bräunlich gefleckten Blättern. Manche Arten klappen ihre Blätter nachts ein, um sie dann mit Beginn des Tages wieder auszubreiten.

- Hierbei handelt es sich um eine tropische Pflanze, die ursprünglich aus Nordbrasilien stammt.

- Der Platz sollte halbschattig sein und nicht von der direkten Mittagssonne besucht werden. Ein helles Badezimmer eignet sich gut, da sie es warm und feucht mag.

- Das Substrat sollte immer leicht feucht gehalten werden und niemals ganz austrocknen. Hier ist es hilfreich, zweimal die Woche ein wenig zu gießen und sie mehrmals die Woche einzusprühen.

MONSTERA 'MONKEY LEAF'
MONSTERA ADANSONII

Das 'Monkey Leaf' ist quasi die kleine Schwester der Monstera deliciosa. Den Spitzname Affenblatt trägt die Pflanze wahrscheinlich aufgrund ihrer verspielten Erscheinung.

- 📍 Monstera-Arten kommen ursprünglich aus den tropischen Wäldern Mittelamerikas.

- ☼ Das Monkey Leaf eignet sich für halbschattige Plätze mit indirektem Sonnenlicht.

- 💧 Es reicht aus, diese Monstera einmal die Woche kräftig zu gießen. Sie zählt zu den pflegeleichten Zimmerpflanzen.

  Sie ist einfach mit Stecklingen zu vermehren.

KANONIERBLUME
PILEA DEPRESSA

Eine pflegeleichte Pflanze mit einem interessanten Namen. Diesen verdankt sie der Eigenschaft ihrer Familie, bei der Bestäubung wie eine Kanone den Blütenstaub herauszuschießen.

- 📍 Die Pilea kommt vorwiegend in tropischen Regionen vor, wo sie als Unterbewuchs an schattigen und feuchten Plätzen wächst.

- ☼ Ein helles bis halbschattiges Plätzchen mit Morgen-, Abend- oder Wintersonne eignet sich besonders gut.

- 💧 Zwischen den Wassergaben sollte das Substrat antrocknen. Gieße deine Pilea depressa daher am besten einmal die Woche. Zusätzlich sollte eine Drainageschicht auf dem Topfboden angelegt werden.

ZWERG-BANANENPFLANZE
MUSA ACCUMINATA 'DWARF CAVENDISH'

Die Zwerg-Banane ist eine Züchtung und kann bei guter Pflege zwei bis drei Meter Höhe erreichen.

📍 Die Heimat der Musa accuminata liegt in Südostasien, wo sie in den tropischen Regionen von zum Beispiel Indonesien, Thailand oder den Philippinen anzutreffen ist.

☀ Ein heller Standort mit Morgen- und Abendsonne eignet sich sehr gut für die Zwerg-Banane. Sie mag es gerne hell, mit direkter Mittagssonne kann sie aber nicht so gut umgehen.

💧 Sie braucht sehr viel Wasser. Das Substrat sollte immer leicht feucht gehalten werden, daher solltest du sie zweimal die Woche gießen.

GEIGENFEIGE
FICUS LYRATA

Der Name dieser edlen Pflanze lässt sich auf die Form der Blätter zurückführen. Diese erinnern an lauter kleine Geigen. Die Pflanze wirkt zudem luftreinigend und verbessert das Raumklima.

📍 Die Ficus lyrata entstammt der Familie der Maulbeergewächse und kommt ursprünglich aus den tropischen Regionen Westafrikas.

☀ Wichtig ist ein heller oder halbschattiger Platz mit viel Raum für die Pflanze.

💧 Der Wurzelballen sollte immer etwas feucht sein. Gieße sie einmal, und wenn es sehr heiß ist, zweimal die Woche und besprühe sie dann regelmäßig. Zusätzlich sollte eine Drainageschicht auf dem Topfboden angelegt werden.

Sie lässt sich mit Stecklingen vermehren.

PHILODENDRON
PHILODENDRON 'GREEN WONDER'

Der Philodendron ist eine gute Wahl, wenn du auf der Suche nach einer pflegeleichten und schmucken Pflanze bist.

📍 Er stammt aus den tropischen Regionen Mittel- und Südamerikas und kommt daher auch gut mit schlechteren Lichtverhältnissen aus.

🌓 Am besten eignen sich halbschattige Zimmerplätze ohne direktes Sonnenlicht.

💦 Gib dem Philodendron einmal die Woche einen guten Schuss Wasser und lasse danach die obere Substratschicht leicht antrocknen.

WUNDERSTRAUCH
CROTON PETRA

Wie ein buntes Feuerwerk wachsen die Blätter in den verschiedensten Rot-, Orange- und Grüntönen, und zwar das ganze Jahr über. Nebenbei reinigt er auch deine Luft und ist eine pflegeleichte Pflanze.

📍 Der Wunderstrauch stammt ursprünglich aus den Tropen Südostasiens, wie zum Beispiel den Philippinen, dem Sunda-Archipel oder der Malakka-Halbinsel.

☀ Um dir eine tolle Blätterpracht zu garantieren, muss der Wunderstrauch an einem hellen Standort stehen, an dem er viele Stunden Sonnenlicht pro Tag abbekommt.

💦 Das Substrat vor dem Gießen oberflächlich antrocknen lassen. Dann solltest du ihn einmal die Woche gießen und ihn mehrmals in der Woche besprühen. Vermeide Staunässe.

BAUMFREUND
PHILODENDRON SCANDENS

Ein grüner Mitbewohner mit einem freundlichen Namen. Der Baumfreund gehört zu den kletternden Philodendron-Arten und macht sich daher besonders gut in Hängeampeln oder an Kletterhilfen.

📍 Der Baumfreund ist ein exotischer Regenwaldbewohner und stammt aus den tropischen Wäldern Mittel- und Südamerikas.

☀ Es eignet sich ein halbschattiger Standort, der vor direkter Sonne geschützt ist.

💧 Das Substrat sollte immer leicht feucht gehalten werden. Die Oberfläche sollte vor jedem Gießvorgang einmal völlig antrocknen. Zusätzliches Besprühen bekommt ihm sehr gut.

Er lässt sich gut mit Stecklingen vermehren.

GRÜNLILIE
CHLOROPHYTUM COMOSUM

Die robuste Grünlilie zählt eindeutig zu den pflegeleichten Zimmerpflanzen. Außerdem hat sie eine stark luftreinigende Wirkung.

📍 Die Grünlilie gehört zu den Spargelgewächsen und stammt ursprünglich aus dem Süden Afrikas.

☀ Ihre Standortansprüche sind klein. Ob sonnig oder schattig, die Grünlilie kommt gut klar.

💧 Sie sollte einmal die Woche gegossen werden. Da sie wasserspeichernde Wurzeln besitzt, kommt sie auch zwei Wochen ohne Wasser zurecht. Danach solltest du sie aber unbedingt einmal kräftig gießen. Besprühe sie regelmäßig mit Wasser. Badezimmer eignen sich auch super.

Sie lässt sich einfach mit ihren selbstgebildeten Kindeln vermehren.

PALMEN UND FARNE

NESTFARN
ASPLENIUM NIDUS 'CRISPY WAVE'

Erkennbar ist der Nestfarn an seinen frischen grün-glänzenden Blättern, die an eine Unterwasserpflanze erinnern. Die Pflanze wirkt luftreinigend. Zudem wurde ihr früher eine heilende Wirkung nachgesagt.

📍 Der Nestfarn ist in den tropischen Regionen Afrikas, Asiens und Australiens beheimatet.

🌗 Ein Ost- oder Westfenster eignet sich hervorragend. Da der Nestfarn als Epiphyt unter dem dichten Baumdach wächst, bevorzugt er indirektes Sonnenlicht. Mit Morgen- und Abendsonne kommt er trotzdem sehr gut zurecht. Achte darauf, dass die Pflanze keine Zugluft abbekommt und es schön warm an ihrem Standort ist.

💧 Halte die Erde immer leicht feucht und gieße sie ein- bis zweimal die Woche. Staunässe sollte aber vermieden werden.

SCHWERTFARN
NEPHROLEPIS EXALTATA

Der luftreinigende Schwertfarn ist ein Busch voller zierlich gewellter langer Fiederblätter.

📍 Ursprünglich stammt der Schwertfarn aus Amerika. Dort ist er entweder epiphytisch, also als Aufsitzerpflanze auf Bäumen anzutreffen oder terrestrisch, auf der Erde wachsend.

🌗 Am besten geht es deinem Farn an einem hellen Standort mit indirektem Licht. Feuchte helle Badezimmer eignen sich ebenfalls besonders gut.

💧 Die Erde sollte immer leicht feucht gehalten werden, lasse die obere Schicht nur leicht antrocknen, bevor du deine Pflanze das nächste Mal wieder gießt. Es reichen eine bis maximal zwei Wassergaben pro Woche.

Er lässt sich durch Ableger vermehren.

BLAUFARN
PHLEBODIUM AUREUM 'BLUE STAR'

Die grün-bläulichen Blätter mit ihren vielen kleinen goldgelben Punkten haben dem Blaufarn den Spitznamen »Goldtüpfelfarn« eingebracht. Diese Pflanze zählt zu den Luftreinigern.

📍 Der Goldtüpfelfarn kommt aus den tropischen Regionen Südamerikas und wächst dort auf Bäumen, die der Pflanze einen halbschattigen Standort schaffen.

⬤ Der Blaufarn kommt gut mit weniger Licht klar. Ein halbschattiger Platz mit wenig direktem Licht oder ein helles feuchtes Badezimmer eignen sich hier hervorragend.

💧 Der Blaufarn zählt zu den pflegeleichten Zimmerfarnen. Die Erde sollte immer leicht feucht sein, Staunässe hingegen vermieden werden. Mit wenig Wasser ein- bis zweimal die Woche gießen.

KENTIA-PALME
HOWEA FORSTERIANA

Die luftreinigende Kentia-Palme ist sehr pflegeleicht. Nicht ohne Grund ist sie eine der beliebtesten Büropflanzen. Je nach Größe kannst du sie super als Raumteiler in deiner Wohnung verwenden.

📍 Ursprünglich kommt die Kentia-Palme von der Ostküste Australiens. Das Besondere ist, dass sie nur dort auf den Lord-Howe-Inseln wächst.

☀ Am besten wird es deiner Palme gefallen, wenn sie an einem hellen Ort mit indirektem Sonnenlicht steht. Wenn du ein Badezimmer mit genug Licht hast, eignet sich das auch sehr gut.

💧 Wenn die obere Substratschicht angetrocknet ist, wird es Zeit, wieder zu gießen, und zwar ungefähr einmal die Woche.

SCHUSTERPALME
ASPIDISTRA ELATIOR

Die Schusterpalme trägt viele Spitznamen, wie zum Beispiel »Eisenpflanze«, was sich auf die simple Pflege und Robustheit zurückführen lässt.

📍 Sie stammt aus dem Osten Asiens. Dort wächst sie mit Vorliebe in China und dem Ost-Himalaya.

🌓 An einem halbschattigen Plätzchen fühlt sich die Schusterpalme wohl. Je schattiger der Ort, desto langsamer jedoch der Wuchs. Scheint die Sonne zu intensiv auf die Palme, können sich die Blätter leicht Verbrennungen zuziehen.

💦 Die Schusterpalme benötigt einmal die Woche einen ordentlichen Schuss Wasser. Die obere Substratschicht sollte davor angetrocknet sein.

Durch das vorsichtige Teilen der Wurzeln lässt sich die Palme vermehren.

GOLDFRUCHTPALME
DYPSIS LUTESCENS

Die beliebte luftreinigende Goldfruchtpalme kann auf den ersten Blick leicht mit der Kentia-Palme verwechselt werden. Ihre Blätter wirken jedoch im Vergleich noch ein klein wenig filigraner und luftiger.

📍 Die Goldfruchtpalme kommt ursprünglich aus dem tropischen Madagaskar. Dort wächst sie in feuchten Wäldern und an Flussufern.

☀️ Ein sonniger warmer Platz am Fenster eignet sich perfekt. Mit Halbschatten und indirektem Licht kann die Goldfruchtpalme aber auch gut umgehen.

💦 Das Substrat sollte immer leicht feucht sein. Gieße deine Goldfruchtpalme jedoch erst, wenn die oberste Schicht leicht angetrocknet ist. Die Goldfruchtpalme mag es gerne feucht. Du kannst sie also bei trockener Raumluft regelmäßig mit kalkarmem Wasser besprühen.

BERGPALME
CHAMAEDOREA ELEGANS

Die Bergpalme ist einfach in der Handhabung, verzeiht Pflege- und Gießfehler und ist zusätzlich noch ein prima Luftreiniger.

📍 Ihren Namen verdankt die Bergpalme ihrer ursprünglichen Heimat, nämlich den Bergen und Wäldern Mexikos.

☀ Die Bergpalme bevorzugt einen hellen bis halb-schattigen Platz in der Wohnung, der nicht von direkter Sonne besucht wird. Morgen- und Abendsonne werden noch toleriert.

💧 Mit Anfang des Frühlings bis Mitte Herbst sollte das Substrat immer leicht feucht gehalten wer-den und darf nicht austrocknen. Staunässe sollte vermieden werden.

SERDANG-SCHIRM-PALME
LIVISTONA ROTUNDIFOLIA

Unter den richtigen Bedingungen können ihre run-den, gefächerten Blätter einen Durchmesser von zwei Meter erreichen.

📍 Die Livistona rotundifolia kommt aus den tropi-schen Wäldern Südostasiens und Australiens.

☀ Bevorzugt wird ein heller Standort in der Woh-nung ohne direkte Sonneneinstrahlung. Je dunk-ler der ausgewählte Platz, desto langsamer ist auch das Wachstum der Palme.

💧 Staunässe muss unbedingt vermieden werden. Vor jedem Gießvorgang sollte das Substrat ober-flächlich gut antrocknen.

BLÜHPFLANZEN
& TILANDSIEN

ZIMMERJASMIN
JASMINUM POLYANTHUM

Der himmlisch duftende Zimmerjasmin gilt als
eine pflegeleichte Pflanze. Er gehört zu den Kletter-
pflanzen, du kannst ihn also wunderbar um eine
kleine Kletterhilfe binden.

📍 Er stammt ursprünglich aus China.

☀ Als guter Standort eignet sich ein sonniger bis
halbschattiger Platz, der morgens und abends
von der Sonne besucht wird.

🫗 Der Zimmerjasmin hat einen erhöhten Wasserbedarf. Die Erde sollte vor jedem Gießen einmal
etwas antrocknen. Ein bis zwei mäßige Wassergaben pro Woche sind notwendig.

SCHMETTERLINGS-ORCHIDEE
PHALAENOPSIS HYBRIDE

Sie ist eine der bekanntesten Orchideen in unseren
Wohnungen: Die Schmetterlingsorchidee gibt es in
verschiedenen Farbvariationen.

📍 Die Phalaenopsis stammt aus den tropischen
Wäldern Indiens, Indonesiens und Australiens und
ist auch in weiteren warm-feuchten Gebieten
Südostasiens zu finden.

☀ Sie bevorzugt einen hellen bis halbschattigen
Standort ohne direkte Sonneneinstrahlung.

🫗 Halte das Substrat durch Gießen mit kalkfreiem
Wasser immer leicht feucht, Staunässe sollte
aber unbedingt vermieden werden. Alternativ
kannst du sie einmal die Woche für 20–30 Minuten in ein Wasserbad tauchen.

Die Orchidee lässt sich mit Ablegern vermehren.

FLAMINGOBLUME
ANTHURIUM ANDREANUM

Ein edler Wuchs mit langen Beinen und einer farbigen schlanken Blüte. So wächst die Flamingoblume, deren Spitzname ihrer Form entnommen ist. Sie kann in roten, lila, oder pinken Farben blühen.

📍 Sie hat ihren Ursprung in den tropischen Regenwäldern Mittel- und Südamerikas.

☀ Die Anthurie braucht viel Licht. Um zu vermeiden, dass die Blätter der Pflanze braun werden, solltest du sie jedoch nicht in die direkte Mittagssonne stellen. Suche ihr also einen hellen bis halbschattigen Platz in deiner Wohnung.

💦 Halte die Flamingoblume immer leicht feucht. Gieße sie lieber öfter wenig als selten viel.

Vermehre die Pflanze einfach durch Stecklinge.

TILLANDSIA BRACHY-CAULUS MULTIFLORA

Das grün silbrige Blattkleid der Luftpflanze kann sich bei guter Pflege in alle Richtungen ausbreiten und sich leicht rot färben, sobald sie beginnt, eine Blüte auszubilden.

📍 Ihren Ursprung hat diese Tillandsie in Mexiko und Panama.

☀ Ein heller und warmer Fensterplatz mit viel indirektem Sonnenlicht. Morgen- und Abendsonne werden gut vertragen.

💦 Zweimal die Woche sollte die Tillandsie mit kalkarmem Wasser eingesprüht oder für 20 Minuten getaucht werden.

Vermehren kann man sie mit ihren Kindeln.

TILLANDSIA 'CAPUT MEDUSAE'

Diese exotische Pflanze gedeiht fast nur mit Luft und Liebe. Die Tillandsie ist ein pflegeleichter Mitbewohner, der dir bei guten Bedingungen auch eine Blüte schenken kann.

📍 Diese Luftpflanze ist vorwiegend in Südamerika, in Mexiko, Honduras und Guatemala beheimatet. Sie wächst dort als Aufsitzerpflanze auf Bäumen oder Felsen.

☀ Ein Fensterplatz mit Morgen- und Abendsonne bekommt der Pflanze sehr gut. Pralle Mittagssonne verträgt sie nicht.

💦 Statt die Pflanze zu gießen, solltest du sie einmal in der Woche kräftig mit kalkfreiem Wasser besprühen oder sie für 20 Minuten in ein Tauchbad legen.

TILLANDSIA 'IONANTHA'

Als Luftpflanze braucht auch sie keine Erde. Du kannst sie zum Beispiel in einem Luftpflanzen-Mobile vor deinem Fenster aufhängen.

📍 Ihre Heimat ist Mittelamerika. In Mexiko wächst sie in Grüppchen auf Bäumen, Sträuchern oder Felsen. Die Wurzeln dienen nur zum Festhalten und nicht der Nährstoffaufnahme.

☀ Diese Tillandsie mag es sehr hell. Du kannst sie also direkt vor dein Fenster stellen oder hängen.

💦 Besprühe sie zweimal pro Woche mit weichem Wasser oder tauche sie für 20 Minuten in kalkfreies Wasser.

Vermehren mit Kindeln möglich.

KAKTEEN & SUKKULENTEN

BOGENHANF
SANSEVIERIE TRIFASCIATA 'LAURENTII'

Er ist sehr pflegeleicht und zugleich luftreinigend. Aufgrund seiner langen, spitz zulaufenden Blätter wird er auch »Schwiegermutterzunge« genannt. Es gibt ihn in verschiedenen Blattfarben.

📍 Er kommt aus den Wüstenregionen von Kenia und Tansania. Aber auch auf der arabischen Halbinsel sowie den Komoren und Indien ist er beheimatet.

☀️ Sonnige bis halbschattige Standorte eignen sich besonders gut für ihn.

💦 Da er aus den Wüstenregionen kommt, kann er mit seinen dicken fleischigen Blättern Wasser sehr gut speichern. Daher reicht es, ihn alle zwei Wochen bis einmal die Woche zu gießen.

Vermehren einfach über Blattstecklinge möglich.

ALOE VERA
ALOE BARBADENSIS

Die Aloe ist eine Heilpflanze. Im Inneren ihrer Blätter befindet sich ein zähflüssiges Gel, was sich bei Sonnenbrand und zur Hautpflege nutzen lässt. Aber Vorsicht, die Schale kann in hoher Dosis ungesund sein.

📍 Die Aloe vera stammt wahrscheinlich ursprünglich von der Arabischen Halbinsel und ist heutzutage in den meisten tropischen und subtropischen Regionen vorzufinden.

☀️ Sie mag es gerne warm und hell. Ein heller bis halbschattiger Standort eignet sich super.

💦 Die Aloe maximal einmal die Woche gießen und dafür sorgen, dass keine Staunässe entsteht und das Wasser nur auf das Substrat kommt. Das Substrat kann auch mal ganz austrocknen.

Vermehren durch Ableger möglich.

GELBSTACHELIGER OHRENKAKTUS
OPUNTIA MICRODASYS

Dieser flache, runde Kaktus hat viele kleine, feine Stachelbüschel, die gelb gefärbt oder weiß sind. Sein Spitzname lautet daher auch »Goldpunktopuntie«.

📍 Die Optunie kommt ursprünglich aus dem mittelamerikanischen Gebiet und wächst dort mit Vorliebe in den Wüsten Mexikos.

☀ Suche die hellste Stelle in deiner Wohnung, die am besten auch mehrmals täglich von der Sonne besucht wird.

💦 Zwischen April und September einmal die Woche gießen. Vor jedem Gießen sollte das Substrat oberflächlich gut antrocknen.

Seine Triebe können einfach abgeschnitten und vermehrt werden.

SÄULENKAKTUS
CEREUS VALIDUS

In der Natur kann dieser Kaktus eine Höhe von bis zu 15 Metern erreichen. Er wurde zu einer Spiralenform gezüchtet, die in der Natur nicht auftritt.

📍 Der Säulenkaktus stammt aus Südamerika.

☀ In seiner Heimat steht der Säulenkaktus heiß und trocken. Daher schätzt er einen hellen bis vollsonnigen und warmen Standort in Wohnungen, der gerne mehrmals täglich von der Sonne besucht werden kann.

💦 Der Säulenkaktus ist ein unkomplizierter Mitbewohner. Im Frühling und Sommer braucht die Sukkulente nur zweimal pro Woche mit wenig Wasser gegossen werden. Die Erde darf oberflächlich antrocknen.

Über Stecklinge kann der Kaktus vermehrt werden.

KORALLENKAKTUS
RHIPSALIS CASSUATHA

Die Bezeichnung »Kaktus« scheint auf den ersten Blick etwas irreführend. Bei dem grünen herabhängenden Geflecht handelt es sich um eine wasserspeichernde und zugleich pflegeleichte Sukkulente.

📍 Der Korallenkaktus stammt aus Mittel- und Südamerika und ist auch in Afrika und Madagaskar beheimatet.

☼ Ideal ist ein heller bis vollsonniger Standort. Morgen- und Abendsonne eignen sich hervorragend. Ein halbschattiger Standort wird mit kleinen Einschränkungen auch toleriert.

💦 Das Substrat sollte niemals gänzlich austrocknen. Am besten sollte er einmal die Woche gegossen werden. Der Kaktus lässt sich problemlos mithilfe von Stecklingen vermehren.

PANDAPFLANZE
KALANCHOE TOMENTOSA

Die Pandapflanze gehört zur Familie der Dickblattgewächse und ist einmalig unter den Sukkulenten. Ihre fleischigen Blätter tragen einen leicht wolligen Pelz, der sie unglaublich weich macht.

📍 Ihre Heimat liegt auf der Insel Madagaskar.

☼ Helle oder Vollsonnige Plätze eignen sich für die Pandapflanze am besten.

💦 Die Sukkulente sollte regelmäßig, einmal die Woche, gegossen werden. Der Untertopf sollte nach jedem Gießen geleert werden, damit Staunässe vermieden wird. Gelegentliches Austrocknen wird toleriert.

Du kannst die Pandapflanze durch Stecklinge vermehren.

WOLFSMILCHKAKTUS
EUPHORBIA INGENS

Dem Wolfsmilchkaktus ist wahrscheinlich schon jeder mal begegnet. Als Stammsukkulente kann er, aufrecht wachsend und bei sehr guten Bedingungen, schon mal deine Zimmerdecke erreichen.

📍 Die meisten Wolfsmilchkakteen findet man im Süden der USA sowie Südamerika, wie Mexiko, Peru oder Bolivien.

☼ Der Wolfsmilchkaktus wächst am besten in voller Sonne. Suche ihm also den sonnigsten Platz in deiner Wohnung, und er wird es dir mit einem schönen starken Wachstum danken.

💧 Zwischen den Gießvorgängen darf die Erde gerne mal austrocknen. Alle zwei Wochen und in heißen Sommern auch einmal die Woche gießen.

Durch Stecklinge vermehrst du ihn problemlos.

GOLDKUGELKAKTUS
ECHINOCACTUS GRUSONII

Dieser Kaktus ähnelt im entfernten Sinne einer Sitzmöglichkeit und wird, aufgrund seiner langen gelben Stacheln, auch der »Schwiegermutterstuhl« genannt.

📍 Seinen Ursprung hat der Goldkugelkaktus in den heißen und trockenen Gebieten Mexikos.

☼ Je älter der Kaktus, desto besser eignen sich vollsonnige Wohnungsplätze. Junge Exemplare sollten noch vor der direkten Mittagssonne geschützt werden, in Form eines Vorhanges oder einem guten Abstand zum Fenster.

💧 Im Frühling und Sommer sollte nach jeder Wassergabe das Substrat einmal durchtrocknen. Dann heißt es wieder gießen und das überschüssige Wasser aus dem Untersetzer entfernen, damit keine Staunässe entsteht.

ELEFANTENFUSS
BEAUCARNEA RECURVATA

Die beeindruckende mächtige Wuchsform erklärt den Spitznamen dieser Pflanze. Der sukkulente Stamm speichert genügend Wasser, um längere Trockenperioden durchzustehen.

📍 Seine Heimat liegt in Amerika, in Mexiko und Texas.

☀️ Je sonniger und heller der Platz desto besser. Suche deinem Elefantenfuß einen der sonnigsten Plätze in deiner Wohnung.

💦 Vor jeder Wassergabe kann der Elefantenfuß fast vollständig durchtrocknen. Du solltest ihn einmal die Woche mäßig gießen, dann das überschüssige Wasser entfernen, damit keine Staunässe entsteht.

Der Elefantenfuß lässt sich durch Ableger vermehren.

FETTHENNE
SEDUM MAKINOI

Die Fetthenne kann in ihren Blättern Wasser speichern. Diese sind klein und knubbelig, was sie zu einer drolligen Pflanze macht.

📍 Die Sedum-Gattung ist mit Hunderten von Arten in den gemäßigten und subtropischen Zonen der Nordhalbkugel verbreitet. Die meisten finden sich in Nordamerika und Asien.

🌗 Die Fetthenne freut sich über einen halbschattigen bis sonnigen Standort. Morgen- und Abendsonne tun deiner Fetthenne gut.

💦 Gänzliches Austrocknen sollte vermieden werden. Die Fetthenne sollte einmal die Woche gegossen werden, dabei immer das überschüssige Wasser aus dem Untersetzer entfernen.

Vermehren kannst du sie über das Teilen der Wurzeln.

BALSAMAPFEL
CLUSIA ROSEA PRINCESS

Die Clusia wird in ihrer Heimat, der Karibik, schon fast als Unkraut angesehen, da sie sich gerne und schnell verbreitet. Ihr grünes Blätterwerk wächst schnell, fröhlich und pflegeleicht.

📍 Der Balsamapfel kommt aus den tropischen Regionen der Karibik sowie Mittel- und Südamerikas. Dort wächst sie als Waldpflanze mit Vorliebe auf anderen Bäumen oder Felsen.

☀ Der perfekte Standort bekommt viel Licht ohne direkte Sonneneinstrahlung. Morgen- und Abendsonne werden gern gesehen.

💦 Vor jedem Gießen sollte das Substrat oberflächlich gut antrocknen. Eine wöchentliche Wassergabe ist in den Sommermonaten ausreichend.

Man kann ihn durch Stecklinge vermehren.

GELDBAUM
CRASSULA OVATA

Der Geldbaum ist eine der pflegeleichtesten Pflanzen überhaupt. Er ist ein Glückssymbol, der laut Volksmund deinem Haushalt Wohlstand und Glück bringt.

📍 Seinen Ursprung hat der Geldbaum in Südafrika, dort wächst er in sonnigen und trockenen Gebieten.

☀ Ein helles Zimmerplätzchen mit indirekter Sonne tut dem Geldbaum sehr gut. Die pralle Mittagssonne sollte aber vermieden werden, da sie zu Verbrennungen an den Blättern führen kann.

💦 Im Sommer kann das Substrat nach jedem Gießvorgang einmal durchtrocknen, bevor er wieder einen guten Schuss Wasser bekommt.

Mit Ablegern lässt sich der Geldbaum vermehren.

FETTBLATTROSETTE
ECHEVERIA ELEGANS

Die Fettblattrosette ist in der Lage, eine unwahrscheinlich große Menge Wasser zu speichern, und kann Trockenphasen somit gut überstehen.

📍 Die Echeverie elegans stammt ursprünglich aus Mexiko und wird im Englischen auch als »Mexikanischer Schneeball« bezeichnet.

☼ Die Echeverie sollte am Tag mindestens drei bis vier Stunden Sonne abbekommen. Es eignet sich also ein Platz mit Morgen- und Abendsonne.

💧 Zwischen den Gießvorgängen sollte das Substrat austrocknen. Eine zweiwöchentliche durchdringende Wassergabe reicht hier vollkommen aus.

Gelegentlich wachsen kleine Kindl zwischen den Rosetten hervor, mit denen sie sich einfach vermehren lässt.

ZEBRA-HAWORTHIE
HAWORTHIA FASCIATA

Die spitzen Blätter der pflegeleichten Pflanze tragen ein markantes Streifenkleid. Vorsicht – die scharfen Blattspitzen können etwas pieksen!

📍 Die Zebra-Haworthie stammt aus Südafrika.

☼ Du kannst die Haworthie an einen halbschattigen Platz mit Morgen- und Abendsonne stellen.

💧 Die oberste Substratschicht sollte vor jedem Gießvorgang einmal gut durchtrocknen. Die Sukkulente sollte einmal die Woche schlückchenweise gegossen werden.

Die Zebra-Haworthie lässt sich durch Stecklinge vermehren.

GLÜCKSFEDER
ZAMIOCULCAS ZAMIIFOLIA

Diese elegante Sukkulente liebt es, in kleinen beengten Gefäßen zu wachsen. Wenn sie ab und zu Wasser bekommt, ist die Glücksfeder so gut wie unkaputtbar.

📍 Die Glücksfeder stammt ursprünglich aus dem tropischen Ostafrika und wächst dort in Kenia, auf Sansibar und auf Madagaskar.

☀ Ein halbschattiger Standort mit indirekter Sonne eignet sich perfekt. Je heller es ist, desto kräftiger und schneller der Wuchs. An schattigen Orten wächst sie langsamer, aber mit sehr kräftiger grüner Blattfärbung.

💦 Die Glücksfeder sollte einmal die Woche mäßig gegossen werden. Bei Wassermangel greift sie, wie alle Sukkulenten, auf ihre Speicher zurück.

Sie lässt sich problemlos durch Ableger vermehren.

MOUNT EVEREST
SENECIO AQUARINE

Schon der Name Senecio Aquarine klingt bezaubernd. Die Pflanze mit den graublauen Blättern sieht nicht nur edel aus, sie ist auch leicht zu pflegen.

📍 Ihren Ursprung hat die Senecio auf den oberen Berggefilden der Kap-Regionen in Südafrika.

☀ Ideal ist für sie ein Südost- oder ein Südwestfenster. Dort kann sie die Sonne in den Morgen- und Nachmittagsstunden wunderbar genießen.

💦 Alle ein bis zwei Wochen gießen reicht der Pflanze vollkommen aus. Wenn es in den Sommermonaten besonders heiß ist, bevorzugt sie aber eine wöchentliche Wassergabe.

LEUCHTERBLUME
CEROPEGIA WOODII

Dünne Stängel, marmorierte Blätter und lampion-ähnliche Blüten. Die Hängepflanze ist einfach zu pflegen, ihre Blattform erinnert an ein Herz.

📍 Die natürliche Heimat dieser Kletterpflanze ist Südafrika und Simbabwe.

☀ Die Leuchterblume ist ziemlich anspruchslos. Am besten stellst du sie an einen hellen und sonnigen Standort. Sie kommt aber auch mit halbschattigen Standorten zurecht.

💦 Diese Pflanze benötigt recht wenig Wasser. Einmal die Woche gießen reicht vollkommen aus.

Die Leuchterblume ist einfach mit Stecklingen zu vermehren.

ERBSENPFLANZE
SENECIO HERREIANUS

Die Erbsenpflanze bildet dünne, lange, hängende Triebe. Im Frühjahr kommen zarte, weiße Blüten mit kräftigen pinken Akzenten zum Vorschein.

📍 Die natürliche Heimat der Kletterpflanze ist Südafrika und Simbabwe.

☀ Die Erbsenpflanze ist wenig anspruchsvoll. Suche ihr einen hellen bis halbschattigen Platz in deiner Wohnung.

💦 Sie verträgt keine Staunässe. Gieße sie regelmäßig im Sommer und schlückchenweise im Winter. Am besten topfst du sie einmal im Jahr um.

Sie lässt sich einfach durch Stecklinge vermehren.

KAKTEEN & SUKKULENTEN

REGISTER

DANKE

UND NUN MÖCHTEN WIR DANKE SAGEN!

Unser großes Dankeschön gilt den vielen Menschen und Pflanzen, die uns bei diesem Buch begleitet und unterstützt haben. Ganz besonders bedanken wir uns bei unserem Fotografen Jens Wegener für seinen Elan bei Tag und Nacht, die guten Ideen und natürlich die tollen Fotos. Bei unseren Freundinnen Mirjam und Delia für das Bereitstellen ihrer fotogenen Wohnungen und die Toleranz gegenüber des ein oder anderen verrückten Möbelstücks. Die Zusammenarbeit mit der

Lektorin Anne Hörr war uns eine große Freude. Wir danken der Illustratorin Katrin Schönwälder für ihre gruseligen Zeichnungen der Pflanzenschädlinge. Antonia Stuck danken wir für die Unterstützung beim Entdecken der Geschichten hinter verschiedenen Pflanzen. Und natürlich danken wir dir dafür, dass du unser Buch gekauft hast. Wir würden uns freuen, wenn du uns schreibst oder einmal unsere Website besuchst unter **www.botanicly.de.**

NOCH MEHR TOLLE BÜCHER

Einfach nachhaltig leben

978-3-96093-492-9

Lieblingskräuter

978-3-96093-783-8

Mein kreativer Stadtbalkon

978-3-96093-268-0

Hochbeet, Teich, Palettentisch –
Dein kreativer Garten

978-3-86355-714-0

Mein Biobalkon

978-3-86355-881-9

IMPRESSUM

Bibliografische Information der Deutschen Bibliothek.

Die Deutsche Bibliothek verzeichnet diese Publikation in der Deutschen Nationalbibliografie.

Detaillierte bibliografische Daten sind im Internet über http://www.dnb.de/ abrufbar.

Bei der Verwendung im Unterricht ist auf dieses Buch hinzuweisen.

EIN BUCH DER EDITION MICHAEL FISCHER

1. Auflage 2020

© 2020 Edition Michael Fischer GmbH, Donnersbergstr. 7, 86859 Igling

Cover, Layout & Satz: Silvia Keller

Redaktion und Lektorat: Anne Hörr

Fotografien: Jens Wegener, außer siehe Bildnachweis

Illustrationen Pflanzenkrankheiten und Schädlinge: Katrin Schönwälder

Bildnachweis: S. 4, S. 55: © funkyfrogstock/Shutterstock; S. 5, S. 40: © Bogdan Sonjachnyj/Shutterstock; S. 5, S. 40: © Ina Ts/Shutterstock; S. 5, S. 36: © Bogdan Sonjachnyj/Shutterstock; S. 12: © Olga Korneeva/Shutterstock; S. 13: © Phototalker/Shutterstock, © imnoom/Shutterstock; S. 14: © Sean Mcauliffe/Unsplash; S. 22: Jelle Van Leest/Unsplash; S. 24: © G.Tbov/Shutterstock; S. 25: © Thanh Mai Nguyen/Unsplash, © Platoo Fotography/Shutterstock; S. 26: © Stanislav71/Shutterstock; S. 27: © qSPOoKYp/Shutterstock, © content_creator/Shutterstock; S. 29: © Brina Blum/Unsplash; S. 30: © BELL MALINEE/Shutterstock, © rattiya lamrod/Shutterstock, © Cancer_July/Shutterstock; S. 31: Jan Kahanek/Unsplash, © Julia Karo/Shutterstock, © GOLFX/Shutterstock; S. 43: Firn/Shutterstock, S. 50: © Monthira/Shutterstock; S. 51: © Nor Gal/Shutterstock, © Jana Land/Shutterstock, © Monthira/Shutterstock; S. 53: Ruslan Satsiuk/Shutterstock; S. 55: © funkyfrogstock/Shutterstock; S. 60: © Jordan Graff/Unsplash; S. 65: © Elijah O Donnell/Unsplash; S. 67: © Junior Rodriguez/Unsplash; S. 80: © Jeff Sheldon/Unsplash; S. 82-85: © Growing Concepts.

ISBN 978-3-96093-580-3

Gedruckt bei Polygraf Print, Čapajevova 44, 08001 Prešov, Slowakei

www.emf-verlag.de